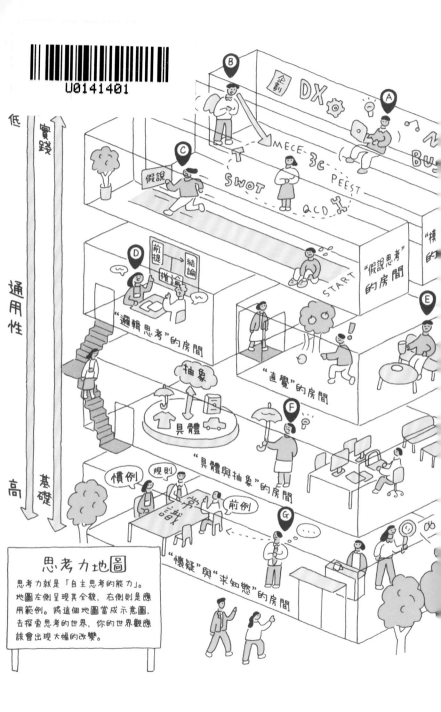

思考力

打造一顆靈活運用邏輯與直覺的頭腦

地圖

細谷功

前言

　　COVID-19的感染狀況在2020年正式擴大，蔓延到全世界，此一情況對日常生活造成的影響（以下簡稱新冠疫情），讓我們的生活為之一變。在此之前，世界上已經出現數位轉型（DX）和氣候變遷這些根本性的變化，在社會環境變化時必須具備的思考力之重要性本來就已經在不斷提升。再加上給予最後一擊的新冠疫情，依循過去的成功體驗推展商務的比例逐漸減少。

　　在這樣的商業環境下，日本引領世界的20世紀典範，在進入21世紀之後出現了很大的變化。以結果來看，在GDP（國內生產毛額）方面，日本從已開發國家中名列前茅的高成長國家，變成後段班的低成長國家，且至今仍未擺脫這種低迷的情況。

　　在這樣的背景下，或許可以說，上個時代曾是日本強項的特徵，現在則是直接變成了弱點。比如以下這幾點：

・大家一起做同樣的事（就像日本國民無人不知、無人不曉的「收音機體操」）
・忠實執行別人交代的事
・嚴守規則
・「現場、現物、現實」的三現主義
・完美主義，對品質有很高的要求
・擅長進一步提升既有物品的完成度

日本人的這些特徵，在穩定大量生產的製造業全盛時代是非常有利的強項，但是在變化快速的數位與服務時代，卻凸顯出了下列缺點：

· 無法因應多元性
· 不擅長主動提議別人沒有交代的事
· 時代已經改變，現有規則不再適用，仍然深信不疑地繼續遵守
· 關注具體的事物，無法進行較抽象的思考
· 過度執著於做出完美的東西，抑制了「總之先做做看」的行動力
· 不擅長在沒有基礎的情況下思考

本書的主題「思考力」就是能夠突破這種狀況的強力手段。筆者自從 2007 年出版《鍛鍊你的地頭力》（台灣為 2009 年出版）以來，就一心致力於提升「自主思考能力」的寫作活動。本書也是其中的一項產物。

與思考力形成對比的另一個重要認知能力是「知識力」。這部分與上個時代的社會要求和價值觀完全一致。因為知識力具有下列特徵：

· 有一個正確答案
· 只要環境不發生變化，就可以「直接」運用
· 容易透過考試等方式檢驗能力

相對地，思考力在某種意義上必須用與此完全相反的價值觀來訓練以及實踐。因此，本書會展現必須掌握之能力的全貌，並以俯瞰視角縱觀這些要素的概要。

本書是以2015年出版的《ロジカルシンキングを鍛える，訓練邏輯思考（暫譯）》（KADOKAWA）為基礎，將探討範圍拓展到整體的思考力，並以地圖呈現思考力的全貌，加以補充、改訂而成。

邏輯思考是能幫助我們高效率溝通的共通語言，從以前到現在都很重要。隨著開頭提到的時代變遷，為了因應更有創造力的思考，這部分經過大幅的刪改，重新調整了架構。也追加了「思考力地圖」，呈現思考力的全貌，讓讀者更容易了解邏輯思考與其他各種思考之間的關聯性。

如果各位讀者能利用本書提升自主思考能力，在這個瞬息萬變的時代開闢出自己的道路，那本書的目的就算是達成了。

2022年10月
細谷 功

思考力
地圖
——
［ 目 錄 ］

第 **3** 章

THINK
認識邏輯與直覺的本質

第 **4** 章

METHOD

思考模型與工具

第 **5** 章

PRACTICE
思考力的實踐

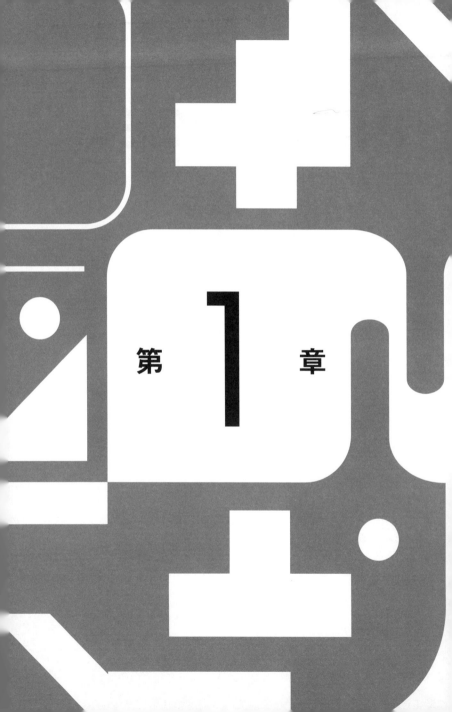

第 1 章

WHY

為什麼現在思考力
很重要？

第 **1** 項 思考力為什麼重要？

構成認知能力的要素

▶ 在 VUCA 時代必須具備的能力

為什麼思考力在商業上如此重要呢？我想在各位拿起本書的時候，就已經理解其重要性了吧。本書會先用幫助各位掌握全貌的「地圖」視角，理清思考力在商業和日常生活中的定位。首先要展示位於本書思考力整體地圖外圍的，商業和日常生活所須的能力全貌。

日語裡有一個很方便的詞語叫「**心技體**」，經常用來描述運動選手、藝術家，或是職業棋士等發揮精湛能力並登峰造極的人士，比如「心技體三方面都很充實」。但是一般認為，它是一個總括性的概念，可以用來表示包含一般社會人士、學生在內的各種人發揮能力的條件（也可以作為後面會提到的其中一個優秀「模型」來使用）。大家想到商業能力的時候，經常會只關注作為「技」的商務技巧，但如果想要靈活運用「技」，也不能忘記「心」和「體」。

這麼一想，商業上必須具備的能力也可以用「心技體」這個觀點來思考，這件事的意義非常重大。至於商業上的「心」、「技」、「體」是什麼？接下來就讓我們來一個一個看看吧。

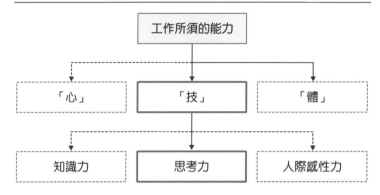

　　先從容易理解的「體」來說明。無論從事什麼職業，抑或是沒有工作，只要身為一個人，無論是誰都理解身體的重要性。首先是基本中的基本──健康，雖然我們平時不會意識到它，但是「當我們失去健康時，才會發現它的可貴」。當然，除了不要生病、受傷這種最低限度的健康以外，我們還需要進行讓工作表現維持在一定水準的健康管理，例如保持品質良好的睡眠、透過適度的運動鍛鍊身體等等。

　　接下來是「心」，心的基礎是健全的精神。除此之外，動力、誠實，以及能夠自主行動的積極性等等都算是「心」的一部分。

　　最後是「技」的部分。不屬於「心」和「體」，主要是**認知能力**，也就是「運用頭腦」發揮的能力就定義為「技」的一部分。

　　那麼，人類的認知能力是由哪些要素所構成的呢？這部分不像「心技體」一樣擁有一個最終版本的模型，每個人都

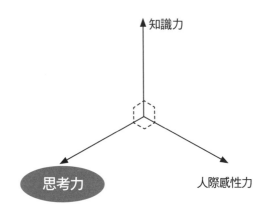

持有不同的看法，而這裡採用了作者定義的3個要素。

那就是**「知識力」**、**「人際感性力」**以及本書的主題**「思考力」**。思考力與知識力垂直相交，思考力也與人際感性力垂持相交，因為這2種能力與思考力之間是彼此獨立的關係。

這3種認知能力都是在商業上進行各種實務時必須具備的能力。**而在現在這個瞬息萬變又難以預測，人稱VUCA的時代中，思考力的重要性正在相對提高。**VUCA就是Volatility（易變性）、Uncertainty（不確定性）、Complexity（複雜性）、Ambiguity（模糊性）的縮寫。

▶ 思考力是孕育出「自我特色」的能力

讓我們來具體思考看看在VUCA時代下的這3個能力吧。首先是人際感性力，這是一種理解他人感受的技能。這項技能不管放在什麼時代都很重要，無論時代再怎麼改變，

其重要性都不會出現太大的變化（如果變化很劇烈，人心也會出現大幅變化，導致人際關係變得更難處理，這個能力的重要性可能也會提升）。這可說是與應對公司外部客戶以及上下級溝通直接相關的能力。

接下來是知識力，知識力在這裡的定義是一個人所具備知識的質與量。和人際感性力一樣，可說是在每個時代都必須具備的能力。與穩定的時代相比，VUCA時代的常識和資訊很快就會過時，必須隨時更新知識。不過，知識是過去「某人曾做過的事」（包含自己）或經過某人統整而具體保留下來的東西，無論是哪一種，都可以說是「過去的集大成」。

相對地，**思考力則是孕育出全新或專屬於自己的東西，如果在商業場合，就是為了與其他公司做出差異化，意即孕育出「不一樣東西」的能力，在瞬息萬變的時代裡，這項能力特別重要。**

還有一點，思考力的重要性之所以會壓倒性地勝過知識力，是因為我們處在電腦飛躍性發展的時代背景下。誠如各位所知，電腦具有極為強大的記憶力。知識力與記憶力意義相近，因此只要將其中一部分交給電腦處理，人類就沒有必要親自記憶那些龐大的知識。

那什麼才是我們需要的呢？ 就是能夠利用龐大的資訊與知識孕蘊新知的思考力。

▶ 如同講究是沒有極限的,思考力也擁有無限的可能性!

接下來要用料理或食物來比喻3項認知能力。什麼樣的料理算是美味料理呢? 假設現在是在餐廳用餐。我認為有3大要素。

第1個是食材。無論是魚類、肉類還是蔬菜,這都可以說是基本中的基本。要是食材不好,做成什麼料理都不會好吃。

第2重要的是廚師的技術。處理食材、搭配食材,或是構思食譜都是廚師的技術。

至此一道料理就完成了,但是可不能小看外觀的重要性。如果是餐廳的話,室內裝潢和建築外觀,甚至是店員的服裝、外貌和言行舉止,確實都會影響到「料理的味道」,對吧? 不僅如此,吃下食物那一瞬間的外觀也很重要,比如擺盤和餐具。

上述的料理3要素和之前提到的認知能力3要素幾乎可以一對一對應,這麼一想,應該就會更容易理解3個能力之間的關係。

首先,與食材相對應的是知識。雖然也有將一切交給電腦就好這個極端的選項,但是思考要將它們收納在哪裡、如何取用它們,也與知識力有關,如此一想便會發現,其實料理技巧與準備食材的能力之間關係是怎麼切都切不斷的,知識與思考的關係也是一樣。

而料理技術就相當於思考力。這個部分有可能因為人的

不同而出現很大的分歧，就如同講究是沒有極限的一樣，其中蘊含著無限的可能性。

最後，與「外觀」相當的是，思考如何將知識與思考輸出傳達給他人的人際感性力。

在VUCA這種瞬息萬變的時代裡，食材非常容易腐壞（或是容易受損），這麼一想，應該就能了解思考力在這個時代下有多麼重要了吧。

第2項 缺乏思考力？

▶ 思考力難以客觀判定

思考力為什麼重要？反過來想，要是沒有思考能力的話，就會在職場或工作上的各種場面陷入不利狀況。這是什麼意思呢？讓我們一起來想想吧。

知識力與思考力同樣重要，各位應該能夠馬上想像出因為缺乏知識力而遭遇困難的情境吧？因為，如果缺乏知識力，就會讀不懂國字、不能理解英文單字的意義、看不懂財務報表等等，無法理解最新數位技術而對執行業務造成的負面影響會如實地呈現出來，同時本人也會清楚地感受到這一點。

知識力比較容易透過考試來判定，只要回答是非題，並以100為滿分採計分數，就可以簡單又客觀地判斷出80分和60分的人的知識量差距。

相對地，思考力的麻煩之處就在於，沒有任何一項考試或工具能夠像這樣視覺化地呈現出思考力的優劣或有無。除了難以客觀判定之外，更麻煩的是，人很難察覺自己的思考力程度。

雖然**思考力很難客觀地數值化**，但它毫無疑問是在工作和社會生活中不可或缺的能力。因此，要是思考力沒有達到一定程度的水準，就會引發各種問題。如果思考力不足，本

人有可能會在毫無自覺的情況下醜態百出。

接著，就讓我們參照本書拉頁「思考力地圖」中列出的思考力構成要素，從旁人的角度，或是主管看下屬、下屬看主管的角度，來看看怎麼樣的人是缺乏思考力吧。

・求知慾

有求知慾的人不會害怕改變，會不斷去挑戰新事物；而缺乏求知慾的人會想要一直維持現狀，「在一樣的地方，和同一群人，在同樣的時間」過著一成不變的生活。在工作上，也總是**脫離不了複製過去做法的單一模式**。

・具體與抽象間的往返

要是缺乏從個別的具體知識中推導出通用法則的「抽象化能力」，就會只把焦點放在具體的事物上。舉例來說，在數位轉型（DX）方面就會很難向其他業界學習，或是很難理解抽象的商業模式等等。

・假說思考力

假說思考力就是從結論開始回推，找出最佳解答的能力。很多完美主義者都不擅長假說思考，因為這兩者的價值觀是完全相反的。完美主義者會花費許多時間，試圖讓出錯的機率趨近於零，但是**在重視效率的情況下，這種作法會造成負面影響**。基本上，要在工作上拿到接近100分的成績單，也就是維持零失誤的狀況，通常都會花費過多的時間，大家希望的是在有限的時間內，有效率地完成事情，多少有

點不完美是沒關係的。

·模型思考力

　　所謂的模型思考力，是指**從高處（以宏觀的視野）看待事物的能力**。如果缺乏這項能力，就會被個人的偏見所侷限，導致視野狹隘、思考出現盲點，在說明或提報的時候，經常會從別人口中得到「不知道到底想表達什麼」的感想。此外，與模型思考力正相反的類型，就是「想到就做」的人，這類人會在沒有察覺自己思考盲點的情況下「橫衝直撞」，導致自己和周遭的人格格不入。

·Why型思考力

　　所謂的Why型思考力，就是能夠藉由問自己「為什麼」，思考自己所扮演的角色、思考能夠改善組織的實際行動能力。缺乏這種思考力的人，會不論好壞，將所有工作的委託和指示「照單全收」。在「學長姐制」的上下關係中經常能見到這種狀況，所以在某種意義上，這類型的人可能會受到部分前輩的喜愛，但這些人最後會變成沒有人要求就不會採取行動，只會等待別人發號施令的人。也就是「唯命是從」的類型。在必須具備自主思考能力、瞬息萬變的現代，這種行事作風在工作上可能不適用。

圖表2-1　要是缺乏思考力……

在工作上
脫離不了
複製過去做法的
單一模式

被別人說
「不知道你到底
想表達什麼」

難以向
其他業界學習

沒有人要求
就不會採取行動

在重視效率的
情況下無法
拿出成果

從解決問題到發現問題

思考力發揮作用的場面

▶ 思考「根本的問題是什麼」

如同先前所說,現在的商業環境被稱為VUCA時代,不確定性很高,而且瞬息萬變。在這樣的狀況下,比起處理遇到問題的「解決問題」階段,**思考「根本的問題是什麼?」這個「發現問題」的階段相對而言更加重要。**

接下來,就讓我們從定義層面來明確分辨發現問題和解決問題的不同吧。特別是,在商務場合上大家總是掛在嘴邊的「問題解決」一詞具有多重定義,有時候會採用遇到問題後設法解決的「狹義」定義,有時候又是指發現問題、定義問題後再解決問題這一連串過程的「廣義」定義(請參照圖表3-1上半部)。

簡而言之,發現問題與解決問題是上游與下游的關係。在已經清楚知道該解決什麼問題的時候,會側重於解決問題,比如說已經有會固定下單的客戶,或是每年的目標都已經在前一年的簡報上決定好(銷售額提升○%或成本降低○%等等),在相對穩定的環境下,這種狹義上的問題解決重要性就會提高。

與之相對,在VUCA時代下,需要從根本問題開始思考的情況逐漸增多。例如,眼前只有「必須推動數位轉型(DX)」或「必須應對新冠疫情過後的新時代」這種模糊的目

圖表3-1　發現問題的重要性提升

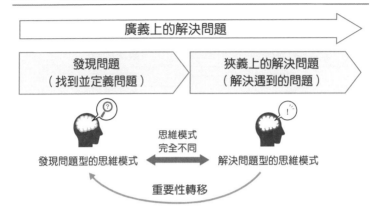

標時，面對「不知道到底該委託什麼才好」的客戶，以經營策略或整體目標等抽象度相對較高的事物為對象，去發現問題的上游需求會提升。

　　這裡的問題在於，**上游的發現問題和下游的解決問題之目標課題性質不同，需要具備的價值觀和技能也完全不同。**要是沒有事先理解這一點，直接用解決問題的思維模式試圖去發現問題，就會出現牛頭不對馬嘴的情況。首先，要像圖表3-2一樣統整出上游和下游工作的性質差異。

　　下游有很多在某種程度上已經成為例行公事的問題，不確定性較低；相對地，上游的不確定性，也就是風險較高。上游非常混亂，有很多事務分工等界線不明確的部分，課題也相對較抽象。此外，發現問題需要「**在白紙上畫圖**」，沒有前人留下來的實踐知識和明確指標，工作也沒有標準化，因此「與個人高度綑綁」這類個人性質的工作較多（與下游的

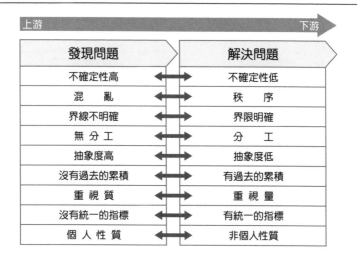

解決問題幾乎完全相反）。

　　受工作的性質差異影響，上游與下游所需要的技能也會不同，如圖表3-3所示。

　　如同前述的工作性質差異，上游高風險的工作較多，因此一切都是機率論，與「已有正確答案」的下游大不相同。此外，在相當需要「在白紙上畫圖」的上游，需要的是**將尚未成形的事化為實體抽象畫的想像力與創造力**，此時思考力正好能派上用場。

　　相反地，下游的工作需要運用過去的經驗來導出具體答案，因此知識力的重要性相對提升。此外，在「思考問題」的上游，也特別重視與求知慾大有關係的主動性，這一點與必須採取「解決問題」這種被動態度的下游不大一樣。

圖表3-3　發現問題與解決問題所需的技能差異

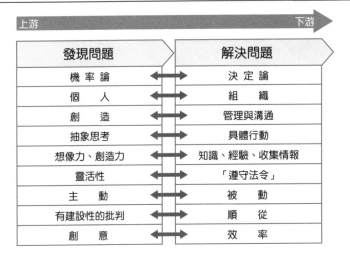

上游　　　　　　　　　　　　　　　　　　下游	
發現問題	解決問題
機率論	決定論
個人	組織
創造	管理與溝通
抽象思考	具體行動
想像力、創造力	知識、經驗、收集情報
靈活性	「遵守法令」
主動	被動
有建設性的批判	順從
創意	效率

　　如上所述，在上游這邊的發現問題階段通常會比較需要思考力，這一點與VUCA和數位轉型（DX）時代的需求一致。當然，下游有時候也會碰到需要發揮思考力的狀況，但那都是在要驗證上游建立假說的時候，例如利用過去累積下來的資料進行分析。以「邏輯和直覺」的對比來說，由於邏輯與決定論非常合拍（兩者都具備讓事情順利進行的法則或方程式之類要素），所以在下游的解決問題階段派上用場的時機特別多。發揮思考力的重點在於判斷目標工作的性質，並依此採取必要的手段。

第 **4** 項 思考力地圖

▶ 思考力是有構造的

接著要來解說本書主題「思考力地圖」的構造。

在第1項已經提過社會人士必須具備的技能全貌以及思考力的地位，因此現在要聚焦於其中的思考力，解說思考力立體圖的構成要素與其意義。思考力立體圖如下所示（圖表4-1）。

首先要介紹思考力的特徵，這裡會和建築物一樣，從基礎開始說明。位於下層的「求知慾、懷疑」和「具體與抽象」是一切思考力的根基。愈往上層，就愈偏向應用與實踐，而

圖表4-1　思考力立體圖

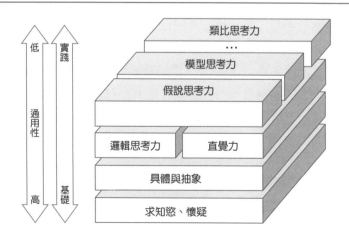

實際應用於工作或日常生活中，顯現於表面的具體思考力，就稱為○○思考力。

在通用性方面，基礎部分在各種場面多少都會需要用到，而屬於應用的○○思考力使用場面，在某種程度上是比較有限的。

此外，這些能力分為2種，一種在某種程度上源自個性，一種容易透過訓練培養。例如，作為基礎的「求知慾、懷疑」就很大程度源自於個性，若想要培養，必須積極地進行訓練和努力才行。至於天生就好奇心旺盛的人，大家身邊應該也有吧？想培養求知慾，可以試著去徹底鑽研自己感興趣的事物。在過程中，也有可能對其他領域產生興趣。

相對於此，位於上層的「○○思考力」則比較容易透過訓練來強化或養成習慣。

而被包夾其中的「具體與抽象」、「邏輯思考力」和「直覺力」就剛好處於中間的位置，有受先天、個性影響的部分，也有可以靠後天訓練的部分。比如說，「愛講道理的人」天生就比較擅長「邏輯思考力」；反之，即便沒有用邏輯仔細說明「為什麼這樣比較好」，也能率先採取行動的人，就比較容易發揮「直覺力」。

在具體與抽象間往返的能力，尤其是抽象化能力，在某種程度上也受到先天因素影響。學生時期喜歡數學還是討厭數學，就是最容易理解的例子。學問的程度愈高，抽象度就愈高。特別是從算術演變到數學的進化（深化）過程，抽象度會明顯提高。面對抽象度提高，有些人會感到愉快，有些人則會感到不快，這就是判斷「擅長與不擅長」的指標。

既然上下軸都說明完了，接著就來簡單解說思考力的構成要素吧。

· 求知慾

對於未知事物、新事物的重視程度。迷惘的時候，你是在了解事情的狀況下比較能繼續向前邁進？還是不了解事情的狀況下？「總是去同一家店點同樣的菜色」比較自在？還是「每天都挑戰新菜色」比較自在？碰到「有前例可循」的事情時，你會覺得「別這麼做」還是「就這麼做」呢？這些問題可以判斷出一個人的求知慾強弱。

這與先前提到的「知識力與思考力」有部分相異，也有部分相同，你是看重「已知事物」、「過去有人彙整好的事物」，引用前例或某人說過的話會感到開心？抑或是**堅持要用自己想出來的點子**？從這些地方可以清楚地看出你對思考力的重視程度。

· 懷疑

求知慾也關係到「懷疑」（反之亦然）。例如，不會對他人的言論或權威專家的意見照單全收，有自己的想法。或者，不會直接照著顧客說的話做（人家說價格太貴，就調降價格；人家說時間太久，就縮短時間等等），而是**試著用自己的方式去重新定義問題**。

缺乏疑心——這是知識力優秀的人容易落入的陷阱之一。總是大量引用「先賢」的知識，乍看之下很聰明的人也是如此，若不懂得懷疑，其實大多都只是「單純地依樣畫葫蘆」而已。

・具體與抽象

　　那麼，我們究竟該如何思考呢？「思考」這個動詞，與「走路」、「投擲」這些描述眼睛看得見之動作的動詞有著決定性的不同，由於眼睛看不見，所以實際做起來很困難。本書的目的之一就是盡力讓思考具象化，而最基本的部分就是「將具體事物化為抽象」的抽象化，以及「將抽象事物化為具體」的具體化這個組合。這部分會在第9項進行詳細的說明。

・邏輯思考力與直覺力

　　這部分還會在第3章進行詳述，這裡就先來看看這2項能力與思考立體圖「上下層」的關係吧。**邏輯就是所謂的「連結」**。這個連結，或者是說事情之間的關係，正是抽象的典型案例之一，而邏輯是將具體事物互相連結的抽象關係明確表現出來的工具。此外，歸納法與演繹法這2個作為邏輯思考支柱的概念，也是用來表現具體→抽象、抽象→具體的工具（在第13項會詳細說明）。

　　相對地，直覺力的關鍵在於具體經驗的累積。具體經驗在不知不覺間抽象化的產物，應該也會形成直覺力真實面貌的其中一個面向。

再來看看這2項能力與「上層」○○思考力的關聯吧。在圖表4-1（P26）中，「邏輯思考力」和「直覺力」的分割方向是垂直於上層的○○思考力，各位有發現嗎？

　　我想透過這個形狀表達的是，無論是假說思考力，還是模型思考力，所有的思考力**都需要用到邏輯思考力和直覺力**。比如說，要在商務現場建立各種假說的時候就需要直覺力。對於「為什麼會建立這種假說？」這個問題，我認為最大關鍵應該在於「長年累積的經驗」。不過，驗證假說時需要運用形形色色的資料與分析，這時候邏輯就很重要了。

　　而在模型思考力方面，包含會於第19項詳述的MECE（不重不漏）在內基本概念也需要用到邏輯，但是在「為什麼選擇這個模型比較好？」這個問題上，利用多半基於經驗的直覺情況也愈來愈多了。

　　至於最上層的○○思考力，除了書中列舉的幾個以外，還有各式各樣的思考力，並沒有網羅到全部（也就是說，這並非第19項解說的MECE定義）。

　　關於這些○○思考力，會在第5章個別進行詳細的介紹。

第 1 章

☑ 確認事項

CHECK POINT

☐ 認知能力是以「知識力」、「人際感性力」、「思考力」構成的。

☐ 思考力是孕育出「專屬於自己東西」的能力。

☐ 思考力難以客觀判定。

☐ 在瞬息萬變的時代，發現問題的重要性高於解決問題。

☐ 發現問題與解決問題所需的技能不同。

☐「思考」這件事眼睛看不見，所以實際做起來很困難。

☐ 所有思考力都需要邏輯思考力和直覺力。

第 2 章

BASE

思考始於「懷疑」和
「具體與抽象」

懷疑

▶ 懷疑「自己」

第 1 章說明了思考力的重要性與構造。第 2 章開始，則要談論實際培養思考力的概念與心態。

首先從「基礎」，也就是根基的部分開始說明。培養思考力的根基是兩大重要心態——「懷疑」以及「具體與抽象」。本項目會針對「懷疑」進行說明。

所謂的懷疑，就是指有沒有在日常生活中實踐「懷疑常識」這件事。雖然大家常說要懷疑常識，但實踐起來是非常困難的。

簡單來說，懷疑常識關係到「懷疑自己」。想要擺脫自己的偏見，就要試著去懷疑自己所相信的事情，試著反思會不會其實是自己（的常識）有問題。人們通常傾向於認為「自己是對的」，因此必須有意識地去反思自我。

為什麼「懷疑」這麼重要呢？舉個例子，在邏輯的世界裡，只要前提正確，就能透過正確的推論導出正確的結果。反之，**如果一開始的前提就錯了，即便推論再怎麼正確，都很有可能導出錯誤的結論**。因此，對前提的正確性保持懷疑，可說是驗證結論是否正確的必要心態。

> 思考力的基本在於「懷疑」

> 如果一開始的前提有誤，導出的結論也會是錯的

> 看見真正的事實很重要

> 反思「會不會錯的是自己？」

　　還有，**盡量以不帶偏見的眼光看清真正的事實**也很重要。事實就是不會因人而改變的部分，但事實卻會根據每個人的眼中所見，衍生出各式各樣的解釋。因此一件乍看之下像事實的事，通常都是經由某個人的解釋扭曲地流傳出來。要看見真正的事實，就得避免以善惡或常識粗淺地判斷事情。

　　遇到自己不懂或無法理解的事情時，想想**會不會是自己錯了**，不要認定是對方有問題，要先從懷疑自己的地方啟動思維。

　　如果認為「是對方有問題」，基本上採取行動時就會把自己的常識正確當作前提，因此，當別人的意見和價值觀與自己不同的時候，首先要先試著破壞自己的價值觀來思考，這是培養思考力非常有效的第一步。

第 **6** 項

試著去懷疑「根本的問題」

事實與解釋

▶ 該解決的問題是否正確？

接著來思考看看與懷疑有關的另一個視角，那就是**懷疑「根本的問題」本身是否妥當**。不是去懷疑作為「答案」的結論，而是去懷疑「問題」，也就是自己遇到的問題本身是否有問題。

其中一種糟糕的解決問題模式就是**「用正確的方法解決錯誤的問題」**。如果解決的問題本身就是錯的，就算順利解決了，也不會成為一個有效的解決對策。這就是我們必須從原本打算解決的根本課題中，找出最適當問題來解決的原因。那麼，就讓我們來想想看，在什麼情況下會弄錯該解決的問題呢？

圖表 6-1 是分析某個問題的邏輯樹（推導邏輯用的樹狀圖。利用樹木形狀的圖樣，來分析課題根本原因的有效手段）。邏輯樹相關內容會在第 20 項詳細說明。

第 1 個要思考的是下述情況，舉例來說，我們認為①是問題，但其實這只是表面上的問題，當我們深入挖掘其原因，不斷去思考為什麼，最後挖掘出來的②才是真正該解決的問題。

我們打算去解決的問題究竟是表面上的問題？還是根本問題？抑或者，它只是單純的手段而已？其實還有更上位的

是否在用正確的方法解決錯誤的問題？

要解決的不是表面現象，而是根本原因（深入挖掘原因）

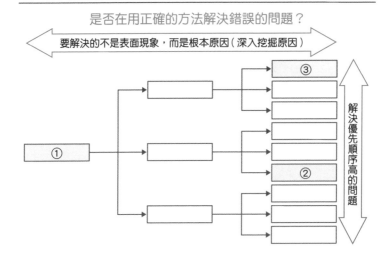

解決優先順序高的問題

目的存在？

　　要降低不小心處理到表面問題的風險，其中一種懷疑問題本身的方法，是藉由思考「為什麼」來進一步逼近本質問題。

　　前面解說的是圖表6-1的「橫向」，也就是沒有深入挖掘原因的例子，然而還有另一種可能性，那就是只看見整體的其中一部分，而其他地方（例如③）或許還存在優先順序更高的問題。

　　是表面現象還是根本原因，以及其在整體之中的定位，圖表6-1橫向與縱向的這2個重點，就是正確掌握該解決問題的關鍵。

　　最重要的是，要對於「這個問題沒問題嗎？」抱持懷疑的態度，從各種不同的視角切入，解決最適當的問題。

▶ 分別看待事實與解釋

無法找出真正問題的原因有百百種，其中一個最重要的因素就是，在不知不覺間，事實裡混入了自己的解釋。為了避免這種情況，這裡要更詳細地說明「看見真正的事實」這件事。

就現實而言，我們其實不可能看見真正的事實。因為「話語」本身有其極限，終究只能節錄一部分的事實，而我們每一個人也都有著認知上的扭曲，也就是一般所說的認知偏誤，無一例外。接下來，我要談談盡可能拿掉那些「多餘解釋」來進行思考這件事。

最容易理解的解釋例子，就是事物的「善惡」和「對錯」。世間萬物基本上都沒有絕對的善惡或對錯。因此，在講述某件事的時候，若是具有正面或負面的見解，就可以理解為其中包含說話者自己的解釋。

類似的詞語還有「有常識」、「沒常識」。聽到這幾個字的時候也要多加留意，因為常識就意味著制式化的解釋。

要看見真正的事實，重點在於將事實與解釋分別看待。所謂的「事實」，就是不會因人而出現不同解釋的事情。

舉例來說，「A公司去年的營業額是○億元」是事實，某個人看了A公司去年的營業額，可能會認為「與競爭對手B公司相比，成長幅度低很多」。而另一個人可能認為「跟之前聽到風聲相比，結果出乎意料地好」。有多少人存在，就會有多少種解釋。

「事實」只有一個，解釋會因人而異

　　因此，**要看見真正的事實，重點就在於先排除會因人而異的解釋，再仔細觀察。**

「思考」就是「用上位概念做連結」

上位概念、下位概念

▶ 何謂用上位概念思考？

在培養思考力這件事情上，「連結」的概念非常重要。所謂的思考，就是將個別的資訊與事實，或是經驗與知識連結在一起，藉此產生新的點子或訊息。

之前在第4項提過，「懷疑」是思考力的根基。接下來要說明另一個作為思考力支柱的重要概念。

關鍵字是「**上位概念**」。上位概念的意思，可以藉由比較上位、下位概念，用「上下」這個主軸來說明。「往返於下位與上位概念之間並連結兩者」就是「思考」。例如，「具體與抽象」的關係就屬於下位與上位概念的關係。一般來說，當我們說「上位概念」的時候，通常意味著「抽象度較高」。

不將事物一個一個分開思考，而是將共通點統整起來，提高抽象度並將其廣義化，這就是抽象化的概念。

世上存在歸納法與演繹法這「2種推論法」。歸納法的概念就是將一個一個具體的概念廣義化，是抽象化的典型例子。

反之，**「將抽象概念落實成具體個別案例」**的「具體化」，則是演繹法概念的其中一種呈現方式。邏輯推論也要經過將上位概念與下位概念連結起來並往返兩頭的階段。

圖表7-1 「思考」就是「用上位概念做連結」

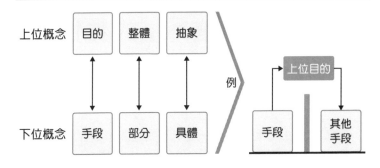

同樣地，手段與目的之間也是下位概念與上位概念的關係。要達成一個目的，可以用很多種手段。而將這好幾種手段連結在一起並建立關聯的，就是「上位目的」。

這裡舉個為「手段與目的」建立關聯的例子吧。如同前述，當一個手段可以達成某個上位目的時，就可以應用於以「如果目的相同，那也可以利用其他手段」的觀點列舉選項的場面。

假設這裡的「手段」是在商務現場導入資訊系統。然而，要導入資訊系統的時候，必定存在「削減成本」或「加強工作效率」之類的上位目的。既然如此，也可以用非IT的其他形式削減成本，搞不好還能用比導入IT系統還低成本的手段達到目的。

在實際的商務現場，經常出現「忘記當初目的，將導入IT這件事本身視為主要目的」這種「手段目的化」的現象，這就是**「喪失上位概念」**的典型思考停止狀態，相信各位都能夠理解。

一句「為什麼？」就能改變問題的層次

「為什麼？」的特性

▶「為什麼」的使用方法

「思考上位概念」的下一個例子就是問「為什麼」。在探究商務課題本質的時候，大家經常說要**「重複問5次為什麼」**或**「試著探詢根本的原因（＝為什麼）」。**

「5W1H」是一個通用的模型。英文的疑問詞有Why、What、Where、When、Who、How，對思考這件事而言，其中的「為什麼」（Why）具有非常重要且特別的意義。

「為什麼」和其他疑問詞相比，「為什麼」特別重要呢？就讓我們來思考看看，在「思考」這個行為中不可或缺的「為什麼」一詞吧。

第7項已經談過手段與目的之間的關係。不管是資訊系統還是其他東西，只要是在日常業務中使用的「手段」，思考其上位目的，就有可能出現（更好的）其他手段，這就是之前提到的重點。

這個「手段與目的之間關係」也正是「為什麼」的關係。重新審視為什麼一詞，會發現它就是表現「原因」的疑問詞本身。

其他的「何物」、「何地」、「何時」、「何人」都是在表現「點」，不像「為什麼」表現的是（關聯性的）「線」。

在製造產品的場合，大家會說**「重複問5次為什麼，就**

只有「為什麼？」是「關聯性」的疑問詞

可以透過「為什麼？」看清事情的本質

能看清事情的本質」，由於「為什麼」即「關聯性」，意味著我們可以思考下一個原因→下２個原因→……像這樣循序漸進回推出根本的原因。其他的「何地」、「何時」、「何人」都不是「關係」，所以重複質問是沒有意義的。也就是說，其他疑問詞沒有「為什麼」來得「深奧」。

　　以上就是讓「為什麼」一詞如此特別的重點。我們可以透過它看清事情的本質，藉此推導出真正的目的或原因，這都是拜「為什麼」之力所賜。

　　「為什麼」還有另外一項「特別之處」，那就是可以「改變問題的層次」。在思考一個手段時，將之視為被賦予的條件，在此情況下思考如何才能「順利進行」，這是其中一個方向。

　　相對地，若是去思考目的，也就是「為什麼」，思考範圍就會拓展到「是不是也可以用別的方法呢」，然後迸出「將本來要採取的手段換成其他形式」的主意。

　　換句話說，「Why」就是**「將原本面對的問題換成更好的問題，再進行最佳化」**。

透過「具體與抽象間的往返」擴展應用範圍

抽象思考

▶ 具體可以直接用肉眼看見

往返於上位概念與下位概念之間的案例是典型的例子，而本項要談的是具體與抽象間的往返。

邏輯推理的代表——歸納法與演繹法，也算是在具體與抽象間往返的產物。

在商務場合，「抽象」一詞感覺較常被用在否定的句型中，比如**「太抽象了聽不懂」**或**「你講得太抽象，感覺沒辦法實現」**等等。

然而，在考量整體思考力的時候，抽象是個不可或缺的概念。

讓我們來好好想想看何謂具體與抽象。具體是可以直接用肉眼看見的個別事物或現象，與實體直接相連。

因此，作為思考力最終輸出的「結論」或「訊息」，如果沒有具體性就沒意義了。有些人會只用「讓我們把職場變得更好吧」或「讓我們生產出好商品吧」這種話做結論，但是光是這樣「太抽象」，無法銜接到下一步的行動。

要做出像樣的結論，最終必須要具體化到「幾月幾日，○○和○○討論了關於○○的事，並同意了○○」這種程度才行。

「因為抽象所以無法理解」是真的嗎？

具　體		抽　象
·肉眼可以直接看見	往返	·肉眼無法直接看見
·與「實體」相連	很重要	·與「實體」背離
·一個一個分別處理		·分類後統一處理
·解釋的自由度低		·解釋的自由度高
·無法靈活應用		·可以靈活應用

　　具體就是**「專有名詞與數字」**。無論好壞，與實體相連的東西就是具體。具體的世界就是一個一個分別處理，一個一個分別看待。

　　因此，無論是在集結個別知識並導出普遍法則的「歸納法」中，還是舉出一個一個具體事例、蒐集情報的時候，「Ａ公司的Ｘ做了什麼」、「Ａ公司去年的營業額是多少」、「商品的銷售額在Ｙ地區成長了幾％，在Ｚ地區掉了幾％」這類具體資訊都相當重要。

　　具體的另一個面向是**「解釋的自由度低」**。與先前提到的行動相同，解釋的自由度低就代表，訂立目標的時候能夠明確知道該目標是否有達成的可能。

　　因此，想要確實達成目標的話，就必須設定具體的目標。

　　另一方面，具體的缺點是（因為自由度低而）**「無法靈活應用」**。由於必須一一對應每一種個別情況，所以Ａ公司做過的事，Ｂ公司無法原封不動地搬來用。

▶ 抽象能夠靈活運用

另一方面，抽象的好處是能夠靈活運用。抽象和具體不同，無法用肉眼看見，並且背離實際狀態，但是解釋的自由度高，具有能夠靈活應用的特徵。此外，抽象比具體更靠近上位概念。

存在於抽象世界的「普遍規則、法則」，應該可以幫助各位理解抽象能夠靈活應用的這項優點。所謂的普遍規則、法則，就像是「鳥類的特色是什麼」或「某業界的公司具有什麼樣的傾向」之類的。而「鳥類身上有羽毛覆蓋」這個普遍規則可以應用於各式各樣的個別事例，比如「企鵝身上有羽毛覆蓋」、「某種只知道名字、自己沒有親眼看過的外國鳥類身上有羽毛覆蓋」等等，就是這樣。

培養思考力的時候很重要的一點就是「具體與抽象間的往返」。先將個別具體事實的抽象度提高，成為普遍規則，再將其套用到其他下位的具體現象，這就是具體與抽象間的往返。「思考」的本質就在於此，重複這樣的動作，人類的智慧就會不斷拓展。

能幫助我們在具體與抽象間往返的方法有「歸納法」和「演繹法」。詳細內容會在第13項進行說明，這裡就先稍微提一下。歸納法是把一個一個具體的個別現象累積起來，形成普遍規則，屬於「具體到抽象」的領域。另一方面，演繹法則主要是將普遍化的規則套用到個別事物，可以延伸應用在其他的個別事物上，屬於「抽象到具體」的領域。

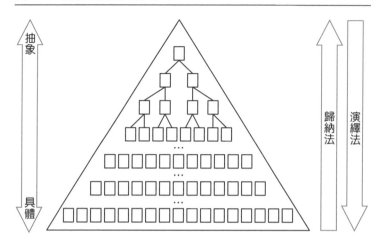

歸納法和演繹法是成對的，只有其中一方是無法派上用場的。同時運用兩者，將個別的現象普遍化，進入抽象領域（歸納），再將其具體化，套用到其他的領域（演繹），就能大大擴展思考的應用範圍。

▶ 何謂抽象化

讓我們再思考一次抽象化，或稱普遍化這件事。

假設玄關擺著好幾雙鞋子（P48的圖表9-3）。這個時候，把「A的左腳球鞋」和「A的右腳球鞋」這些個別事物統整起來，想著「把左右腳擺在一起」，將兩者都視為「A的球鞋」，也是一個抽象化的例子。另外，將所有球鞋擺在一起，或是將所有涼鞋擺在一起，這也算是一種抽象化。

圖表9-3　何謂抽象化（普遍化）？

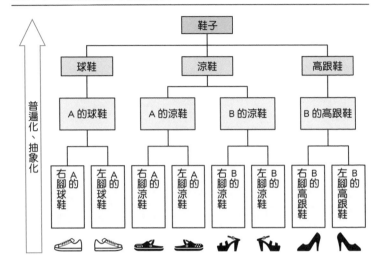

　　透過抽象化、普遍化，當我們說「把涼鞋拿來」的時候，無須仔細說明「是哪一隻涼鞋」，對方也能理解意思。如果沒有經過抽象化，就必須一個一個具體地說出來，逐一說明是「A的右腳涼鞋」、「A的左腳涼鞋」、「B的右腳涼鞋」、「B的左腳涼鞋」這4隻鞋子。若是沒有抽象化的概念，就很難理解「A的右腳涼鞋」和「B的左腳涼鞋」同樣都是「涼鞋」。

　　人類智能的威力就在於，能將事物規則化，拓展應用範圍，而不是分別應對個別事物。科學等各種學問就是這樣逐步發展起來的。

　　在商務場合，這種「具體與抽象間的往返」也是非常重要的要素。

第 **2** 章

☑ 確 認 事 項

CHECK POINT

□ 思考是從懷疑「常識」開始的。

□ 不要弄錯「根本問題」。

□「事實」只有一個，解釋會因人而異。

□「思考」就是「用上位概念做連結」。

□ 要鍛鍊思考力，就必須問「為什麼？」。

□ 透過在具體與抽象間往返來拓展思考範圍。

□ 抽象可以靈活應用。

第3章

THINK

認識邏輯與直覺的
本質

靈活運用防守與進攻

第 **10** 項

邏輯與直覺的關係

▶ 邏輯與直覺就是防守與進攻的關係

請看一下思考力地圖。位於思考力根基「懷疑、求知慾」和「具體與抽象」之上的,就是「邏輯與直覺」。

相對於**邏輯這個所有人都能理解的共通語言**,直覺在某種意義上可說是個人性質的靈光一閃。**直覺就是用來區分人與人的要因**,因此從某方面來看,直覺與邏輯是處在 2 個極端。

讓我們來看看幾個對比點吧。邏輯基本上必須是與個人

圖表10-1　邏輯與直覺

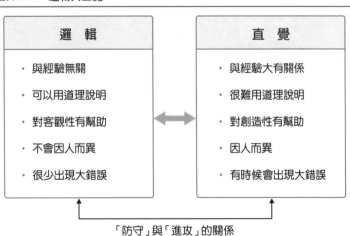

邏　輯	直　覺
· 與經驗無關	· 與經驗大有關係
· 可以用道理說明	· 很難用道理說明
· 對客觀性有幫助	· 對創造性有幫助
· 不會因人而異	· 因人而異
· 很少出現大錯誤	· 有時候會出現大錯誤

「防守」與「進攻」的關係

經驗無關的存在。因為邏輯是每個人都能理解的共通依據。邏輯必須徹底保持客觀，使我們能夠藉此擺脫深刻的刻板印象和偏見。另一方面，只用邏輯思考，也會很難想出嶄新的點子。

相對地，直覺與個人的經驗和知識有非常大的關係。邏輯必須能用道理說明，且每個人都可以重現，而**直覺之中存在用道理說不清的部分，且他人難以再現**。以結果而言，**邏輯保證了客觀性，而直覺主要是對創造性有幫助**。

具有這些性質的邏輯與直覺並沒有優劣之分，兩者恰似運動或競賽中的攻守關係。攻守關係幾乎可以套用在任何情況，大概就像圖表10-2所呈現的一樣。

圖表10-2　攻守關係

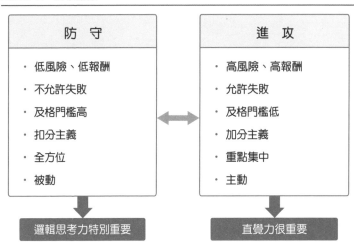

無論是足球、棒球、籃球或網球都行，請大家想像自己喜歡的運動。

　　一般來說，防守方屬於「好好表現是理所當然」的領域，不允許失敗，及格門檻可說是非常之高。相對地，進攻方通常都是「就算覺得不會成功，也要冒險搶分」，對吧？

　　此外，防守需要全方位布陣，而進攻通常都「只要專攻一處」，這兩者間的關係，與填補缺漏的邏輯和激發出特殊點子的直覺之間關係是一致的。

　　運動也是一樣，只有防守或進攻其中一方的話是無法運作的。這就像棒球或美式足球一樣，即便進攻和防守的局面有著明顯的區別，有時候防守方也需具備進攻的心態，反之亦然。更不用說商務或工作場面，只有邏輯或直覺其中一方的話，是無法發揮作用的，**重要的是視情況靈活運用兩者**。最接近思考實踐的階層都需要用到邏輯與直覺，這就是思考立體圖（P26圖表4-1）要表達的意義。

圖表10-3　商務場合的邏輯與直覺

邏　輯

屬於所有人都懂的共通語言，具有防守的功能。

直　覺

與個人的經驗和知識大有關聯，具有進攻的功能。

察覺自己「思考時的習慣」

邏輯思考力

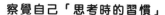 **察覺自我中心的思考**

上一項說明了邏輯與直覺的關係。本項則要來解說邏輯應用的代表——邏輯思考力。

・在我們的商務或日常生活中，究竟為什麼需要邏輯思考力？

・如果不懂邏輯思考，會遇到什麼麻煩？

・學會邏輯思考有什麼好處？

本項會以上述問題為軸心，幫助各位釐清並理解邏輯思考力的必要性。

首先，要請各位想像實際的商務場面，思考在什麼時候會需要邏輯思考力。

筆者先從**「如果不懂邏輯思考，會遇到什麼麻煩」**的觀點，設想了五個在職場上常見的情境。各位也應該也能想到1、2種情境吧？

第1個，是在公司裡或客戶面前**努力說明提案書或企劃書的內容，對方卻無法理解**，或是光有滿腔熱情，卻無法順利傳達給對方的場面。

> 努力說明，對方卻無法理解

> 不知道自己的說明「到底哪裡難懂」

> 被說「偏見太深」

> 被說「前言不搭後語」

> 被問「你到底想表達什麼？」

　　第2個，是處在上述情況，卻**不知道自己的說明「到底哪裡難懂」**的狀況。聆聽者異口同聲地表示「很難懂」，但是自己覺得已經盡力說明清楚，也用自己的方式加入了數據和案例等「幫助理解」的要素，然而卻無法讓對方明白，也不知道該怎麼修正。

　　第3個，是被周遭的人說**「偏見太深」**的案例。這在說明某件事的時候，或日常會話中都有可能發生。

　　第4個，是被說**「前言不搭後語」**。此狀況有可能發生在日常生活中，或是工作上要進行各種提案的時候。可能出現在一次簡報中，也有可能出現在一份類似提案書的文件中。

第5個，是**被問「你到底想表達什麼？」**的狀況。儘管你已經很詳盡地說明了，對方還是一臉煩躁地問：「所以結論是？」或「你到底想表達什麼？」

以上列舉的情境，我認為都是邏輯思考力沒有發揮作用。

平常有在上班的人，應該或多或少都有在工作中被說過1、2種上述列舉的話，或是自己沒問題，但是曾對周遭的人說過這些話。當你站在對對方說「你到底想表達什麼？」的立場時，該給對方什麼建議呢？包含這個問題在內，接下來會說明有助於在各種場面解決問題的思考方式。

▶ 建立共通的理解

為什麼必須具備邏輯思考力？

讓我們從別的觀點思考看看。**其實我們在平常的商務場合中，已經在不著痕跡地實踐邏輯思考**。沒有人完全不懂，反之，也沒有人能夠總是發揮100％，我認為這就是邏輯思考。**每個人都是既有邏輯，又沒邏輯的。**

所謂的有邏輯，意思是具有每個人都能懂的共通理解基礎，然而它在個人層級也具有非邏輯的性質。正因如此，才需要邏輯思考這個共通語言。

試著想想看其根本原因為何，就能知道我們每一個人都有自己的思考習慣，想法是有所偏頗的。就是這一點對共通的理解造成妨礙。

對這件事有所自覺，是實踐邏輯思考的大前提。

▶ 了解思考的習慣

那麼，我們具有什麼樣的思考習慣呢？

第1個就是，**不管人類多麼努力地試圖站在對方立場思考，都還是只能以自我為中心思考**。這件事意味著，雖然大家常說「（應該）要站在對方的立場思考」，我們最終還是只能假設「如果自己處在對方的立場會怎麼想」，而站在自己的立場思考。

這並不是一件壞事，我想只要我們身為人類，就無法改變這一點。

另外，在職場上經常聽到「感覺只有自己吃虧」或「只有自己的工作很辛苦」之類的抱怨。

假設這些都是事實，但如果職場上有超過一半的人都這麼想，其實是很詭異的。

總覺得自己比較不利，或是把對自己不利的事情看得比較重，這些都是自我中心的例子。

我們無論如何都只看得見事物的一部分，而且有時候不會注意到這一點。

人類的經驗與知識當然是有限的。因此與他人比較的時候，只看見自己沒有的部分也是理所當然。然而，在與他人溝通交流時，這種偏見就會成為阻礙的要因，造成問題。

圖表11-2　察覺自己的「思考習慣」

人只能「以自我為中心」思考

只能看見「一部分」（而自己沒有發現）

各種心理偏見

抱有「對方懂了」的幻想

　　接著還有**各種心理上的偏見**。

　　所謂的偏見，就是在看各種事物的時候，一定會套上一層濾鏡。就算你想客觀觀看事情的原貌，還是免不了會抱有某種偏見，而且每個人看事情的方法都不一樣。

　　舉例來說，就算遇到同樣的事件，我們對於時間距現在較近的事件，通常記憶會比較深刻，也會受到比較強烈的影響。當有人問「有什麼問題嗎？」的時候，比起真正嚴重的問題，我們更容易直覺地想起「剛才發生的」問題。

　　另外，當我們看到別人取得成功時，會認為「只是運氣好而已」，然而當自己取得成功時，卻會認為「這是憑實力」，當自己遭遇失敗時，又會說「自己運氣不好」。

　　思考的時候會以自我為中心並套上某種濾鏡，先不論其是好是壞，這可說是人類的思考習慣。

我們無法擺脫思考的習慣，但這些習慣會在不知不覺間，為我們與他人的溝通帶來阻礙。這就是我們必須有意識地去實踐邏輯思考的理由之一。

▶「對方應該懂了」是一種幻想

抱有「**對方基本上應該懂了吧**」的幻想，會導致悲劇發生。

例如在溝通方面，這種事情就會切實地造成負面影響。

圖表11-3呈現的是佛教故事「盲人摸象」的情景。

從沒看過大象的2個人在矇著眼的狀態下觸摸大象，一個人只摸鼻子，一個人只摸尾巴。在摸鼻子的人腦中和摸尾巴的人腦中，對於大象這個沒看過的生物的印象完全不同。

而且，這2個人都覺得自己認知到的就是大象的「整體」，之後他們談論「大象是一種什麼樣的動物」時，幾乎都牛頭不對馬嘴。這就是只看見事情的一部分，以及更嚴重的情況「沒發現自己只看見事情的一部分」的例子。

各位或許覺得不可能會出現這種錯誤，但是同樣的問題也會發生在我們日常的各種溝通中。

而**矯正我們認知的「偏誤」**，就是邏輯思考的目的之一。

圖表11-3 只理解事情的一部分，以及沒有順利傳達給對方

把「鼻子」當成「大象」 象

把「尾巴」當成「大象」 象

▶ 超越英語的共通語言

最後，要來談談邏輯思考之所以重要的另一個要因，也就是**「共通語言」**。

在許多場合都會有人說，隨著全球化的發展，英語成了重要的共通語言。同樣地，「用邏輯來思考」這件事，也是全世界人們當作共通語言在使用的有效工具。

英語通用於大部分的國家，然而講英語不通的國家也很多。可是，**不管到世界上的哪個地方，對於「1＋1＝2」這件事，大家一定都會得出相同的結論**。這意味著人們把數學、公式，或更進一步地說，作為其立足點的「邏輯思考」當成超越英語的「世界共通語言」在使用。

看看最近的商業環境，隨著全球化的發展，形形色色的人必須進行溝通的狀況正在逐漸增加。

本來就已經會因人而產生各種想法與偏見了，當多樣化的國家與文化集結在一起，差異進一步擴大，招致誤解的風

人數增加愈多、多元性提高愈多，
作為共通語言的邏輯思考之重要性
就會提升愈多。

是多樣化、全球化的商業環境下
必須具備的能力。

險愈來愈高。

▶ 在多樣性之中存活下來

如今日本國內也愈來愈多樣化了。人們透過多樣性一詞，表達對形形色色事物的重視。職場上有各式各樣的人，當然也有來自外國的員工。多樣性提升的趨勢毫無疑問正在加速。

在這樣的環境下，當人數增加，多樣性提高，作為共通語言的邏輯思考之重要性也會隨之提高。

第 3 章

THINK —— 認識邏輯與直覺的本質

第12項

根據、一貫性、客觀性

▶ 何謂「有邏輯」？何謂「沒邏輯」？

本項會接續前一項，詳細解說邏輯思考力到底是什麼。接下來會先為平時隨口使用的「有邏輯（沒邏輯）」這句話下定義，再來思考具體而言什麼樣的狀態是比較好的。

首先，讓我們重新思考看看「何謂邏輯」吧。**我們有時候是有邏輯的，有時候又是沒邏輯的**。為了思考什麼叫做有邏輯，來比較一下沒邏輯的狀態與有邏輯的狀態吧。

第1個，是**說話沒有根據**的狀況。這種狀況通常會被說沒邏輯；相對地，說話有根據通常會被說有邏輯。針對某個結論，表示「總之我想○○」，通常會被說沒邏輯；而若是說「因為這些那些理由，我想○○」，與相對沒邏輯的情況相比，聽起來就會很有道理。

下一個是「單純的心血來潮」與「前後連貫」的差異。簡而言之，單純的心血來潮等於「反反覆覆」，昨天說的話、剛才說的話以及現在說的話都互相矛盾的狀況。我們通常會認為這種狀況是沒邏輯的。

相對地，試著思考一下什麼叫「前後連貫」，就會了解昨天、今天、明天說的話都一樣，或是剛才說的話和現在說的話是連貫的，就算是有邏輯的條件。

沒邏輯		有邏輯
・說話沒有根據 ・只是心血來潮 ・個人主觀見解 ・根據想像 ・受感情左右 ・不懂到底想表達什麼	↔	・說話有根據 ・前後連貫 ・客觀的見解 ・根據事實 ・不受感情左右 ・最終結論明確

　　還有，這件事屬於個人的見解，抑或是客觀的見解，也就是**主觀或是客觀**的差異。**有邏輯這句話，說的通常都是客觀的事物**；反之，理由若只是「因為我覺得」或「因為那個人這麼說」，通常會被認為沒邏輯。

　　下一個重點是**根據想像或創造，還是根據事實**的差異。想像與創造只是人腦中的活動，而事實則是不管由誰來看都一樣的事物。

　　接著還有，**是否會受感情左右**。「因為我現在很生氣所以拒絕」或「因為我喜歡這個人所以想選這個」之類的，就是受感情左右的狀況，一般來說這稱不上是有邏輯。不受感情左右是「內心毫不動搖」的狀況，而這才算是有邏輯。

第 3 章

THINK —— 認識邏輯與直覺的本質

最後一點，沒有邏輯的話，別人會聽不懂你到底想表達什麼，而最終結論明確是有邏輯的條件之一。**有沒有得出某種結論**，是判斷是否有邏輯的要點。

透過上述的比較，大家應該都對何謂有邏輯、何謂沒邏輯的觀點有概念了才對。

▶ 邏輯就是根據前提與推論，導出結論

接下來，讓我們來定義**「邏輯是什麼」**吧。如圖表12-2所示，邏輯主要是由**「前提」**、**「推論」**以及**「結論」**這三大要素所組成。本書將邏輯定義為以這三個要素組成的工具。我們能夠藉此從另一種角度了解「什麼叫有邏輯、什麼叫沒邏輯」。

簡而言之，邏輯的基本結構就是「A所以B」。其中的「A」是前提，「所以」是推論，而「B」則是結論。

首先，屬於「A」的第1個要素是「前提」。指的是「○○業界的人有這樣的特質」或「一般來說在公司必須要這麼做」之類的普遍法則。具體的事實也可以當作前提，像是「A公司的營業額是多少」或「A公司今年錄取了○名員工」等等。亦可以把這些事情作為事實組合起來，成為第1個前提。

圖表12-2　邏輯的基本結構

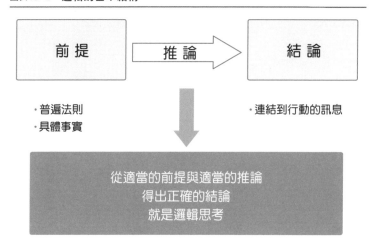

前提 ──推論──▶ 結論

・普遍法則　　　　　　　　　　　・連結到行動的訊息
・具體事實

從適當的前提與適當的推論
得出正確的結論
就是邏輯思考

　　第2個要素是幫助我們根據前提導出結論的推論。也就是「所以」，具有合理化的作用。

　　是因為什麼根據才得出最後的結論，換句話說，把前提與結論連接起來的部分，即為推論。

　　第3個是「結論」，也就是「B」。這裡希望大家注意的是，在商務場合上說的「結論」和純粹學問性質的「結論」，意義有點不一樣。商務上的「結論」**必須要連結到某種行動**。

　　而純粹考量邏輯的話，即便結論本身沒有任何意義，只要是由正當的前提與正當的推論得出的結論，就都是有意義的正當結論，**但是在商務場合，結論要是不包含「所以要做什麼」的訊息，就沒有任何意義**。

　　因此，還請各位將本書所說的「結論」視為某種連結到行動的訊息。

圖表12-3 前提與結論的關係

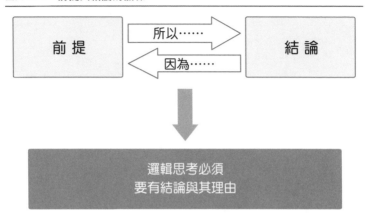

本書中提到的「邏輯思考」，可以定義為基於適當的前提與適當的推論導出正確結論的思考方式。

換言之，邏輯思考就是「將前提與結論正確地連接起來」。

▶ 要重視連接詞

在正確連接前提與結論這件事情上，「連接詞」扮演著非常重要的角色。

如圖表12-3所示，「將前提連接到結論」的是「所以」，「將結論回推到前提」的是「因為」。要用一句話說明這些連接詞，就是**「合理化」**。意即找個理由將A與B連接起來。這就是邏輯，或稱為邏輯思考。因此，邏輯思考必須要有結論和理由。

邏輯就是用來根據前提推論出結論的工具。那麼，要導出正確的結論，有什麼東西是不可或缺的呢？ 請大家分成「2個條件」思考看看。

　　第1個條件是**前提正確**，而第2個條件是**推論正確**，這意思就是，要正確地合理化。

　　反過來說，如果結論錯誤，就代表前提錯誤或推論錯誤，也有可能是前提與推論兩者都錯了。

　　舉個例子。

1. 鳥類會產卵。
2. 雞是鳥類。

　　我們可以從這兩點看出什麼呢？ 當然，根據這兩點合理推導出的結論為「雞會產卵」。這就是前提與推論兩者皆正確，並導出正確結論的例子。

圖表12-4　導出正確結論的2個條件

正確的前提　＋　正確的推論　→　正確的結論

導出錯誤結論的原因是

1. 前提錯誤
2. 推論錯誤

那下面的第2個例子又是如何呢？

1.鳥類會產卵。

2.人是鳥類。

　於是導出「人會產卵」的結論。

　　這個結論當然當然是錯誤的。那麼，是哪裡出了錯呢？首先，「鳥類會產卵」是正確的前提。

　　另一方面，第二項的「人是鳥類」則是錯誤的前提。將這個錯誤的前提組合起來，進行正確的推論，就會導出「人會產卵」的結論，變成推論的部分沒錯，但結論錯誤的狀態。

　　因此，推論正確不代表結論一定會正確。換言之，千萬不可以弄錯前提的資料或法則。

　　接著來看看第3個例子。

1.鳥類會產卵。

2.雞會產卵。

　導出「人會產卵」的結論。

　　當然，這是一個牛頭不對馬嘴的結論。不過，這次一開始的2個前提，與第1個例子一樣是正確的，然而前提與結論之間完全沒有因果關係。沒有任何關係卻突然冒出結論，這屬於推論錯誤的例子。

一開始的前提與推論要正確，接下來才能導出合理的結論。這樣各位應該就能明白，正確的結論來自正確的前提與結論。

演繹法與歸納法

▶ 推論有 2 種

前一項運用的推論稱為**演繹法**，是邏輯領域最基礎的思考方式。接下來，就要針對演繹法進行詳細的解說。

邏輯思考的基本概念是，有正確的前提和正確的推論才能導出正確的結論。那麼，讓我們來思考看看正確的推論方法。邏輯領域裡存在兩大推論法。

其中之一就是演繹法。

來看看下面這個非常知名的例子吧。

1. 人總有一天會死。
2. 蘇格拉底是人。

根據這 2 個前提，可以推導出以下結論。

3. 蘇格拉底總有一天會死。

這是一個作為大前提、具有代表性的普遍法則，也是每個人類都會遵從的規則，或稱法則。我們將之套用到蘇格拉底是人這個個別案例上，得出結論。這就是典型的演繹法，稱

圖表13-1 三段論法

前 提
・人總有一天會死（大前提）
・蘇格拉底是人（小前提）

→

結 論
・蘇格拉底總有一天會死

商業應用範例

前 提
・對想要快速成長的公司來說，M&A 策略很有效（大前提）
・A 公司想要快速成長（小前提）

→

結 論
・對 A 公司來說，M&A 策略很有效

為**「三段論法」**。

換句話說，將具代表性的普遍法則套用於個案，並推導出其正確性，就是演繹法的典型案例。

再套用到商業上看看吧。這裡將普遍法則當作大前提。

1. 對於想要快速成長的公司來說，M&A（合併與收購）的策略很有效果。

再將下列個別事實當作小前提。

2. A公司想要快速成長。

根據普遍法則或事實導出結論

只要前提和推論正確，
就能導出正確的結論

於是導出以下結論。

3. 對Ａ公司來說，M&A策略很有效。

　　這個例子也一樣，只要前提是正確的，演繹法的結論推
導方式就會是正確的。

　　統整一下到目前為止說明過的演繹法特徵。演繹法是根
據普遍法則或事實推導出結論。在演繹法中，只要作為「前
提」的普遍法則或事實，以及「推論」是正確的，就能導出
正確的結論。反之，如果前提錯誤，結論也有誤的可能性很
高，這就是演繹法的特徵。

　　接下來要介紹的是，集結個別的知識找出普遍法則的
「歸納法」。可以與前面解說過的演繹法相提並論的推論法，
就是歸納法。接著將會搭配具體案例來為各位解說。

　　歸納法會列舉好幾個個別現象作為前提。比如說，Ｘ業
界的Ａ公司薪水很高，同屬於Ｘ業界的Ｂ公司薪水也很高，
因此，Ｘ業界的Ｃ公司薪水也很高。

圖表13-3　歸納法的例子

前　提	結　論
・X業界的A公司薪水很高 ・X業界的B公司薪水很高 ・X業界的C公司薪水很高 ・……	・X業界的公司薪水都很高 （普遍法則）

觀察到的個別現象　　　　　　　普遍法則

　　根據這些前提推導出來的結論，就是「X業界的公司薪水都很高」這個普遍法則。這正是我們平時自然而然根據經驗和知識得出經驗法則的推論方式。

　　讓我們來看看歸納法的特徵吧。第1個是累積好幾項經驗或事實，進而推導出普遍法則，這種自下而上的思考方式。

　　而歸納法的第2個特徵是，它嚴格來說並不屬於邏輯推論。換言之，收集大量的案例，比如X業界的A公司、B公司、C公司……案例數量愈多，得出的普遍法則正確的機率自然就會愈高，但可能會有例外存在，所以不能算是100％確實的推論。

　　不過，在商業上或日常生活的大多數場合，都不是一定要有100％正確的結論或判斷才能繼續進行下一步，只要**該推論正確的機率達到某種水準，對實務而言就算OK了**。

累積經驗或事實來進行推導的「自下而上」型

不是嚴格意義上的邏輯，但在商業上具有實踐性

基於統計和數據的推論屬於歸納法

在實際的商務現場運用歸納法的例子，包含根據統計資料或數據推導出結論。這就是歸納的推論方式。

將透過數據觀察到的現象「有這種傾向的客人，具有用多少錢購買這種商品的傾向」以圖表的形式呈現之後，得出結論「因此將這種商品定價為多少錢，應該就能賣出去」，這是在進行新商品企劃時經常運用的手法。當然，也有例外。

雖說如此，在收集到更多的樣本，可能性就會提升這層意義上，這可以說是歸納法的典型案例。

▶ 要留意「過度普遍化」！

最後，要來談談歸納法的注意事項，也就是所謂的陷阱。那就是**「過度普遍化」**。

歸納法簡單來說，就是集結眾多案例，進行普遍化。在案例很少的情況下進行普遍化，就屬於「過度普遍化」。例如，只看見1個大學生，就做出「現在的大學生都這樣」的結論。而只和某世代的2、3個人說過幾句話，就做出「○○

世代的人都這樣」的結論，也是只根據少數樣本過度普遍化的不良範例。

　　該怎麼做才能避免過度普遍化呢？ 可以採用的方法有，收集到一定程度的樣本數，或是除了數量外，再加上質的變化性，換言之，就是收集具有多樣性的樣本。用這種方式彌補弱點，透過歸納法得出的結論應該就會更加穩妥。

「無論誰看」、「合理」就是有邏輯

第14項 邏輯性

▶「無論誰看，都認為合理」

到目前為止都在談論關於邏輯推論的事，但**到底怎麼樣叫做有邏輯呢？** 為了讓各位在商務場合實踐，這裡會進行必要的定義。

接下來，就要以本書的方式為「有邏輯」這件事下定義。第12項已經針對有邏輯和沒邏輯進行過比較。這裡則會根據其他2個要素來定義。從感覺上將我們的腦中想法化為語言，再透過可以應用於商務場合的觀點來進行定義。

所謂的有邏輯，就是①**無論誰看**都認為②**合理**。本書認為具備這2個要素，就算是有邏輯。

先從②「合理」開始談。合理的意思是藉由合理化、賦予關聯，將理由與結論連接在一起，而不會過於跳躍。

圖表14-1　何謂有邏輯

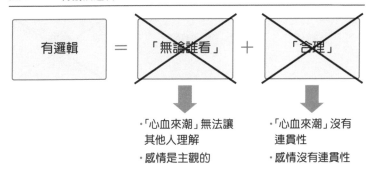

有邏輯　=　「無論誰看」　+　「合理」

・「心血來潮」無法讓
　其他人理解
・感情是主觀的

・「心血來潮」沒有
　連貫性
・感情沒有連貫性

　　接著，①「無論誰看」這部分還有另一個重點。那就是一定要具備客觀性，這也是邏輯的另一個特徵。「我認為這件事合理」或「那個人是這樣說的」這種主觀上可以接受，但周遭人們無法認同、欠缺客觀性的理由，不能算是有邏輯。

　　一般來說，要用「無論是誰」都能認同的理由去建立關聯。本書將這一點視為有邏輯的條件，並會依照此前提，進行之後的解說。

　　接下來要解說幾個會被認為沒邏輯的理由，以及是哪個部分沒邏輯。

　　讓我們先從前面的定義中，看看**「心血來潮」**和**「感情」**沒有邏輯的理由。「心血來潮」和「感情」一般來說是依附於個人，不符合「無論誰看」的條件。

　　關於心血來潮的部分，由於要看出一個人腦內的運作非常困難，所以周遭的人會很難理解這些念頭是怎麼冒出來的。也就是說，無法滿足「無論誰看」這個條件。

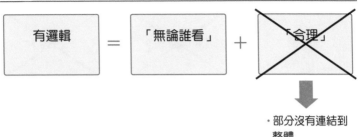

- 部分沒有連結到整體
- 存在「隱藏的前提」
- 漏掉過程的推論

　　而感情也是一樣，由於感情非常主觀，周遭的人通常難以理解。因此，這些都不符合有邏輯的「①無論誰看」這個條件。

　　至於「②合理」，反反覆覆的心血來潮和感情幾乎都是沒有連貫性的，也就是沒有脈絡可循，所以有可能會發生今天早上因生氣而說「NO!」，下午心情好了就說「OK!」的狀況。這種事情在感情方面相當常見，但邏輯並不認同這種缺乏連貫性的態度，因此①和②兩者皆不符合，可以說是沒有邏輯。

　　接著，讓我們來看看沒有邏輯的案例吧。我們在日常生活中經常聽到有人說**「話題跳太遠」**或**「邏輯太跳躍了」**。用前面提到的2個要素來說明邏輯跳躍，就是字面意義上的不合理（不連貫）狀態。不連貫有好幾種模式。

典型的模式就是，存在隱藏的前提條件。我們平常會在自己沒注意到的情況下省略前提說話。也就是說，我們會下意識地以為對方理解那些前提。結果遺漏過程的推論，導致對方無法理解我們的意思。

▶ 察覺「隱藏的前提」

就用下面這段話來思考看看吧。

「今天早上下雨，所以今天中午吃咖哩飯吧。」

對一般人而言，這是一件無法用邏輯理解的事。因為「今天早上下雨」這個狀況和「吃咖哩飯」這個心願並沒有直接連貫。

不過，如果有著今天早上下雨，可是沒帶傘，所以不能去平常光顧的外面便當店買便當這個前提，並且還隱藏著除了那間便當店以外，午餐的選擇只剩下在同一棟建築物中的咖哩飯店這個前提的話，「今天早上下雨，所以今天午餐吃咖哩」這件事就說得通了。其實，這種模式經常發生，我們很容易下意識地省略自己所處的情況，只說一件事情的頭和尾。

此外，從這裡可以看出，**對方對你的狀況了解到什麼程度，決定了對方能不能理解這件事。**

舉例來說，如果這段對話發生在同辦公室的主管與下屬之間，由於對方也了解這個狀況，所以只說「因為下雨了所以吃咖哩」，對方或許就能理解。但是，對不了解這個狀況的對象說話時，就必須要將這個隱藏的前提明確地說出來，與對方分享。

「隱藏的前提」是造成跳躍的原因

因「高語境狀況化」而變得顯著

在全球化、
多樣化的環境中必須特別留意

　　這裡就用剛才說過的重點，來彙整一下這種邏輯跳躍的發生原因。

　　首先，隱藏的前提條件會造成邏輯的跳躍。還有，在日本這種同質性高的文化中，大家不知不覺共享了許多背景條件，也就是處在所謂的高情境文化中，這裡所說的**「情境」**，簡言之就是大家有著無需言語的默契，靠眼神或動作就能明白彼此意思。因此，如果是在同一個地方工作，職場環境如何、便當店在哪裡這些事情雙方都已經了解，處在高情境的狀況，所以基本上不用明說就可以明白對方的意思。日本全體國民都處在非常高情境的文化中，所以也有人說，日本有很多人不擅長邏輯思考。

　　不過近年來，環境正在走向全球化、多樣化。因此，為了有邏輯地思考，重新展示前提條件的態度也愈來愈受重視。

第12項已經說明過，提升「邏輯性」的重點在於反論，也就是徹底理解**「什麼叫做沒邏輯」**。只要知道「自己為什麼沒邏輯」，你就贏了。

比起「沒邏輯」這件事情本身，不知道自己沒邏輯才是真正的問題所在。「別人說自己的說明很難懂，但自己不知道究竟哪裡難懂」的狀況，就屬此類。

蘇格拉底提出了**「無知之知」**這個概念。其意思是，大家認為蘇格拉底是最有智慧的人，並不是因為他比別人知道的更多，而是他比誰都清楚「自己的無知」，以及自己的知識是有限的。

有邏輯一詞也可以套用在類似的情境。要了解何謂邏輯，就要從了解自己多麼沒有邏輯開始，這一點非常重要。

因此，本章的目的之一就是適當地判斷**「什麼是有邏輯的、什麼是沒邏輯的」**。只要能做到這一點，就會逐漸了解自己沒邏輯的地方。曾經有人說過，當你了解問題的那一刻，答案基本上就出來了，不過找到問題並認知到那就是問題所在，其實正是最困難的部分。

掌握整體，思考事物之間的「連貫性」

部分與整體、關係

▶「掌握整體」的重要性

前面說過「有邏輯」就是前後連貫，而接下來要談的「連貫」，則是「部分與整體」的連貫。部分會因人或狀況而異，而整體的重點就是，只要定義好範圍，就不會再變動。

接著來看看沒有邏輯的例子。

我們說話時有一種傾向，就是會在無意間把只不過是一部分自己的世界，或者自己所處的環境，當作世界的全部。周遭的人會覺得「不知道你在說什麼」，難以理解你說的話。部分是主觀的，而整體是客觀的（請參照P62圖表11-3）。

「整體」很難定義，但這裡先把整體視為大多數人共同享有的狀況。讓我們來思考看看，只掌握部分的話會發生什麼事吧。

假設在某個提案上，大家在討論我想做這個企劃，或是想要製作Ａ商品。這時候，如果我只說自己**就是**想做這件事、想製作Ａ商品，沒有表達事情的全貌，聆聽者自然會浮現「那其他東西呢？」的疑問，於是**「為什麼是Ａ？ 那Ｂ要怎麼辦呢？Ｃ也不錯吧？ 其他東西也不錯吧？」**這些問題就會源源不絕地冒出來。

> 部分是主觀的，整體是客觀的

> 「那其他東西呢？」的疑問會源源不絕地冒出來

> 只看「部分」的話無法排定優先順序

　　演變成這樣的話，討論就會回到原點。此外，面對剛才說的「那其他東西呢？」這類疑問，還必須像打地鼠般一個一個回應「那件事情是這樣的。那件事情因為這樣的原因而取消了」，非常沒效率，最終也很難得出妥當的結論。

　　不僅如此，只思考部分還有另一個缺點，就是無法排定這件事在整體中的優先順序。要彌補這一點，就要先展示事情的整體樣貌，列舉出其中的可能性，這是很重要的一件事。

　　以剛才商品企劃提案的例子來說，就是用「我們公司可以提案的商品有這些，因為這些原因，有著這樣的可能性，整體總共有10個選項」的形式，將可能的選項全部列舉出來。

　　在這之中，如果將銷售額的預估、成本的預估、品牌管理的影響，還有其他正面影響、負面影響全部考慮進去，因為這樣的理由，所以這次提案的Ａ商品是最佳選項，排定優先順序再表達出來，會更有說服力。

如此一來，其他人重新問起 B 或 C 怎麼樣的可能性就降低了。這就是掌握整體的意義所在。

▶ 留意關係

關於「連貫」的邏輯，接下來要談的部分是事件之間的關係。「思考」這個行為，可以說就是在找出事件與事件之間有著什麼樣的關係。

而邏輯就是基於某種理由，將前提與結論連接在一起。因此，為一件事與另一件事建立關係，對邏輯而言是非常基本的行為。

▶ 因果關係

說到我們生活周遭的關係，最典型的一種就是「因果關係」，也就是原因與結果的關係。只要了解原因與結果的關係，就能預測出因某個事件而產生的未來結果，在科學領域亦是如此。

科學領域有著許多法則，而那些法則呈現出了各種變數間的因果關係。因果關係就是運用這種法則，以「如果這個東西遇到這樣的狀況，就會發生這樣的結果」之形式，將原因與結果連接起來，可以在商業或日常生活的許多場面派上用場。大多數邏輯的目的都是為了說明因果關係而存在，這麼說一點也不為過。

▶ 相關關係與因果關係的不同

「相關關係」與因果關係看似很像，實則不同。相關關係指的是Ａ事件與Ｂ事件有關聯。例如，Ａ大的時候Ｂ也會大，或是Ａ小的時候Ｂ也會小之類的。

思考一下因果關係與相關關係的不同，會發現因果關係是相關關係的一種。在因果關係裡，存在Ａ發生之後導致Ｂ這種前後關係。

相對地，相關關係未必有「因為Ａ所以Ｂ」或「因為Ｂ所以Ａ」這種順序存在，只是兩者之間有關係而已。

要是弄錯這一點，就會因為運用因果關係可以從原因預測出結果，但只有相關關係的時候卻未必能從原因預測出結果，而陷入混亂。在現實的商務領域，這種誤解也處處可見，必須多加留意。

舉個例子來看看吧。

假設我們在研究上市企業的營業額與研究開發費之間關係時，觀察到企業的營業額愈高，研究開發費就愈高的傾向。

這時候，如果研究開發部門的人用「增加研究開發費，營業額就會提升」的因果關係來看待此一現象，就會做出要提升營業額，就必須增加研究開發費的判斷，最後得出「所以應該花更多錢在研究開發上」的結論。

這裡的研究開發費與營業額之間的關係，算是「因果關係」嗎？還是只是單純的相關關係呢？當然，我們也能想像到，如果把錢花在研究開發上並做出某種成果，就能推出熱賣商品，提高營業額這種因果關係。

不過，當營業額提升（並伴隨著利益），當然就會有餘力進行投資，在研究開發上花錢，所以也有可能出現「因為營業額很高，所以研究開發費也跟著提高」這種完全相反的因果關係。

由此可知，只判斷單一方向的因果關係可以說是一種很危險的結論。這就是因果關係與相關關係的不同之處。在導出適當結論這件事情上，正確理解上述關係是非常重要的。

▶ 手段與目的的關係

另一個與因果關係類似的關係，是**「手段與目的的關係」**。在第7項中也提到過「手段與目的的關係」，不過這裡要從「因果關係」這個不一樣的切入點來看看。簡單來說，因果關係是「原因」這個過去發生的事件與「結果」這個之後發生的事件之間的關係。另一方面，目的就是發生在未來的事，而手段則是現在在做的事。2種關係的差別在於，時間軸是連接過去與現在，還是連接未來與現在（請參照圖表15-2）。

兩者都是針對「為什麼會這樣」賦予理由，可以說是同樣的關係。

舉例來說，眼前發生問題時，不直接採用「打地鼠」的應對方式，而是回頭尋找其根本原因並構思對策，探究「為什麼會發生」，這就是對過去問「為什麼」的原因探究行動。

圖表15-2 「對過去問為什麼」與「對未來問為什麼」

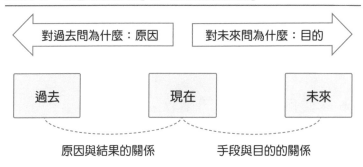

另一方面，現在與未來的關係則是手段與目的的關係。現在正在執行的行動，與想要在將來達成的某個目的有關。而這次則是對未來提出與原因探究相同的「為什麼」，來建立這段關係。

靈活運用相反的 2 個領域

邏輯與感情

▶ 該如何分別運用「邏輯」與「感情」?

關於目前為止談論的邏輯思考,除了優點與缺點以外,還有**「適當的使用時機」**。

邏輯思考也是一種商業工具。每一種工具都一樣,即便發現它在某個場面受到限制,也不要說「果然沒用」,根據狀況適當地靈活運用,應該能夠確實提升工作的產出才是。

本項將要為各位介紹邏輯思考的「使用注意事項」。

在商業領域中,與「邏輯」同樣重要,甚至更加重要的就是「感情」。所謂的商業活動,可以說就是一種靈活運用這2個某種意義上完全相反之領域的行為。

要怎麼做才能順利運用邏輯與感情呢?

邏輯思考是個非常強大的工具,但另一方面,在某些場合使用也有可能造成反效果。接下來,將要為各位整理邏輯在哪些場面能夠發揮效果、哪些場面無法發揮效果,並展示它與商業的另一個重要要素「感情」之間的關係,進行解說。

首先,要透過對比來整理邏輯與感情的關係。邏輯與感情不一定要二擇一,可以把它們想成通常具有不同價值觀的2個東西。

看重邏輯的場合,主要是在團隊中,特別是多樣性豐富的情況,第11項也提過,邏輯是大家重要的共通語言。相對

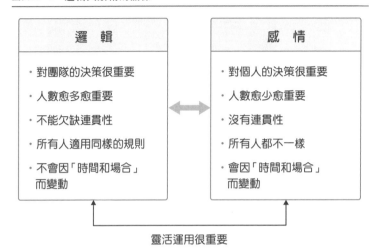

靈活運用很重要

地，感情扮演重要角色的場合，則特別是在個人層級的決策上。

我們在以個人名義購物的時候，不會仔細地計算投資報酬率，而是會衝動購物。這件事並非錯誤。

然而，如果是在決策會影響到各式各樣利害關係人的組織中，就不能這樣了。一個團隊在做決策時，必須要具備每個人都能理解的理由，因此邏輯和連貫性是不可或缺的。相對地，感情往往沒有連貫性。

邏輯是每一個人都必須在同樣的規則下行動，無論是好是壞；反之，感情則基本上每一個人都不一樣。邏輯不會因時間或場合而起伏變動，而感情隨著時間、場合而變化是再正常不過的事。

圖表16-2　邏輯與感情的矩陣

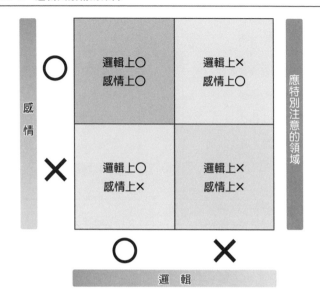

此外，邏輯往往會給人非常冷漠的感覺。因此，在為了說動他人或是提升團隊凝聚力而「慷慨陳詞」的時候，邏輯未必能夠發揮效用。

因此我們應該先思考，在商業場合上的感情與邏輯搭配矩陣（圖表16-2）。這個矩陣呈現的是「感情上正確／錯誤的情況」和「邏輯上正確／錯誤的情況」之組合。

左上方是感情和邏輯都正確，右下方是邏輯和感情都錯誤，左下方是邏輯正確但感情錯誤，而右上方是邏輯錯誤但感情正確的領域。

如果工作和職場狀況全部都在左上的領域內，那就沒有任何問題。另外，若是兩者皆正確，或是兩者皆有問題，基本上就沒必要思考了。問題是兩者不一致的情況。

「個人的好惡」就是最容易理解的「**感情支配商業**」例子。就像「那個人說的是對的，但我討厭他所以不想聽」這種邏輯正確，但感情上無法接受的狀況。

相反地，右上方的領域則是，雖然那個人說的事情像是心血來潮，稱不上合理，但因為那個人是個很棒的人，所以只要他／她開口，就會莫名地湧現幹勁。在商業場合上應該是這個領域的情況比較常見。因此，如何靈活應用這種狀況，就是在組織中工作的重點。

▶ 感情世界的中心是「我的價值觀」

接下來會彙整邏輯與感情的特徵，以及各自的運用場面。和前面說的一樣，在邏輯的世界中，普遍化、抽象化思考是重點。當然，邏輯的世界是決不白費工夫、重視效率的世界。邏輯最重要的一點就是連貫性，還有必須以宏觀、客觀的角度考量事情的整體。嘗試懷疑和批判性思考是邏輯世界中很重要的價值觀，這部分之後還會解說。

相對地，感情世界則是以「我的價值觀」為中心，是一切都要特別、個別、具體思考的世界。而且，感情會出現白費工夫與矛盾的狀況。這裡有一個很矛盾的狀況，就是**人類無法容忍別人白費工夫與矛盾，自己卻是白費工夫與矛盾集合體**。只憑邏輯是沒辦法理解這種人類心理的。要打動他人時，就必須以微觀的角度站在對方的立場說話、去同理對

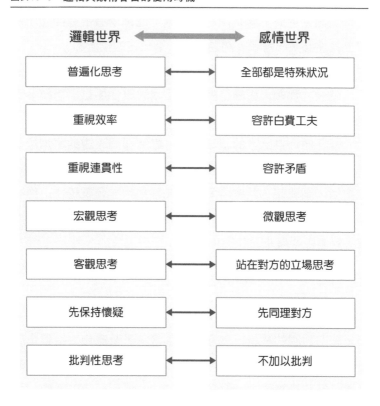

邏輯世界 ←→ 感情世界	
普遍化思考	全部都是特殊狀況
重視效率	容許白費工夫
重視連貫性	容許矛盾
宏觀思考	微觀思考
客觀思考	站在對方的立場思考
先保持懷疑	先同理對方
批判性思考	不加以批判

方，並採取不加以批判態度。這就代表，在感情的世界裡，需要的是與邏輯完全相反的立場和價值觀。

那麼，要如何兼顧邏輯與感情呢？最簡單明瞭的方式就是，要冷靜地訂立計劃時，或是要做出大家都能夠接受的決策時，邏輯世界的價值觀比較重要。不過，要將之付諸實行，個別去說服別人的時候，會比較需要注重感情的態度。

因此，並不是說哪一邊比較好、哪一邊比較不好，最重要的是在充分理解兩者差異的前提下，根據場面靈活運用這些價值觀與思考方式。

　　感情的使用方法與第 1 項介紹的人際感性力有著很密切的關係，所以雖然不屬於思考力的範疇，但在實際運用思考力的時候，感情是非常重要的一點。

全靠壓倒性的知識與經驗決定

第17項 直覺力

▶ 運用直覺力就能迅速解決問題

如同第10項所說，在某種意義上，直覺力與邏輯思考力是對立的概念。在該項也談論過兩者的對比，接著就讓我們來簡單整理一下，直覺力究竟有什麼好處和課題。與每個人都會得出同樣結果的邏輯相較之下，直覺會因人而得出不同的結果，所以比較難說明，那接下來，就要為各位解說在實際的商業場合上，直覺力在什麼樣的場面能發揮效果，在什麼樣的場面又有可能造成反效果。

首先，就讓我們來思考看看直覺力在什麼樣的場面能發揮效果吧。會在一連串解決問題的流程中，逐一確認直覺力的使用時機和有效性。

請看圖表17-1。此圖表以模式化的方式呈現了解決問題的典型流程。

例如導入提升特定產品銷售額的策略、商討能夠降低成本的零件改良案、訂定人才培育的進修企劃等等，一般組織內的所有業務，或多或少都稱得上算是在解決問題。這些大致上都可以認為是由圖表所示的2個階段所構成。

前半段是「列出」候選對象的程序，後半段則是「篩選」這些被列出來的候選對象程序。如圖所示，**前半段是發散，後半段是收斂的程序**。構思休假時的旅行計畫，或考慮購置

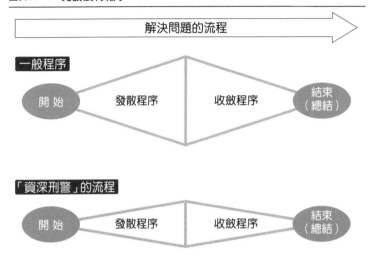

圖表17-1　先擴展再縮小

解決問題的流程

一般程序

開始　發散程序　收斂程序　結束（總結）

「資深刑警」的流程

開始　發散程序　收斂程序　結束（總結）

新電腦，也都是採取同樣的程序。流程是一開始先列出許多旅行地點、電腦的候選名單，接著再進行篩選並做出決定（因為最後只能選一個）。

　　為了做出不後悔的選擇或決策，前半段必須要收集各式各樣的資訊，將不錯的候選對象全部列出來。如果不這麼做，做了決定之後又覺得「果然還是選另一個比較好」的可能性就會永遠存在。然而，列舉許多候選對象這件事，難免需要花費不少時間和心力。換句話說，就是效率會降低。

　　而有時候直覺力可以幫我們解決這個兩難的局面。

請大家想像一下經常出現在電視劇中的「資深刑警」,來進行思考吧。在懸疑劇的犯罪搜查中,列出嫌疑犯並從中找出犯人的程序,可以說就和剛才解說的解決問題流程一模一樣。在這種情況下,資深刑警會如何發揮自己的直覺力呢?

資深刑警身為這方面的專家,與普通人相比,知識與經驗壓倒性地多,尤其是面對這種情況時,他看過從以前累積至今的案例,擁有豐富的經驗。因此,在看見案發現場的那一刻,就可以透過「這是熟人犯案」之類的直覺,迅速篩選出嫌疑犯和凶器等等。

於是,由於「資深刑警」(象徵擁有非凡知識與經驗值的專家範例)一開始就利用直覺篩選出嫌疑犯,所以能夠用比一般解決問題流程快上非常多的效率來辦案。這就是運用直覺力解決問題的最大好處。

另一方面,也可以從這個「電視劇中資深刑警」的盲點,看出直覺力的缺點。由於資深刑警在某種意義上,一開始就鎖定了嫌疑犯(不論是好是壞),所以不會白費工夫(因為不用列出所有嫌疑犯並一一偵訊)。另一方面,要是意外讓真兇逃掉,就有可能造成冤罪。

資深刑警的直覺雖然有8、9成是對的,且能讓效率壓倒性地提高,但也有1~2成讓真兇逍遙法外的可能性。因此,我們必須在了解直覺力具有這些優點與缺點的前提下去活用它,或用邏輯思考力來彌補它的短處。

第 **3** 章

☑ 確 認 事 項

CHECK POINT

☐ 邏輯與直覺是防守與進攻的關係。

☐ 邏輯是根據前提，透過推論，最後得出結論。

☐ 必須有正確前提和正確推論，才能得出正確的結論。

☐ 演繹法可以根據普遍法則推導出個別結論。

☐ 歸納法可以根據經驗法則推導出普遍法則。

☐ 所謂的有邏輯，就是無論誰看都認為合理。

☐「掌握整體」是邏輯的基本。

☐ 連貫＝注意關係性。

☐ 運用直覺力，可以藉由過去的知識與經驗有效率地解決問題。

第 4 章

METHOD

思考模型與工具

從「上空視角」思考

模型思考

▶ 利用模型俯瞰整體

從這裡到第28項，要談論的是思考力的其中一個要素——模型思考。

在打頭陣的本項，會概略性地解說模型思考的整體面貌，以及我們為什麼需要模型思考。

首先，要向各位說明模型思考的整體形象。大家常說**「俯瞰整體」**這句話，而這正是模型思考的形象，請參照圖表18-1。

圖中有2個人，位於下方的人就是具體「腳踏實地」的實體，也就是我們自己。意即活在具體世界，直接透過自己的感官感受一切，直覺地思考，並站在自我中心的主觀視角狀態。

而另一個「位於上空」的人，則是「靈魂出竅的另一個自己」。這個人如字面意義從上空俯瞰，擁有寬廣的視野，客觀地觀察著自己。從具備「無論誰看」的視角這一點來看，比較偏向邏輯。這就是**「考量整體」的模型視角**。

那麼，我們為什麼需要「靈魂出竅另一個自己」的視角呢？

圖表18-1　模型思考的示意圖

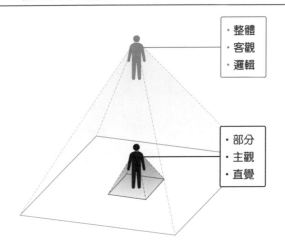

・整體
・客觀
・邏輯

・部分
・主觀
・直覺

　　圖表18-1的「2個視角」各有優缺點，某部分與「具體與抽象」的優缺點是相通的。無論是好是壞，地面上的視角都是具體的，因此具有「生動、說服力強」這種具體的強項，但同時也具有「視野狹窄」的弱點。

　　不知道在讀者之中，有沒有人符合下列項目？

・曾經被人說過「視野狹隘，先入為主的想法太強烈」，或是有這樣的自覺。

・曾經在簡報或說明事情的時候，「按照時間順序講述」（依照事情發生的順序講述），導致敘述冗長，聆聽者臉上浮現不耐煩的表情，或是直接被對方問「重點是？」、「所以結論是？」。

第 **4** 章

METHOD — 思考模型與工具

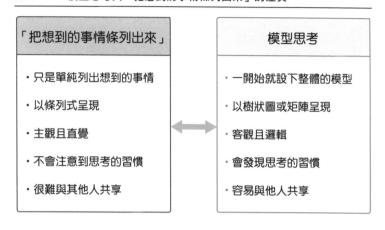

圖表18-2　模型思考與「把想到的事情條列出來」的差異

「把想到的事情條列出來」	模型思考
・只是單純列出想到的事情	・一開始就設下整體的模型
・以條列式呈現	・以樹狀圖或矩陣呈現
・主觀且直覺	・客觀且邏輯
・不會注意到思考的習慣	・會發現思考的習慣
・很難與其他人共享	・容易與他人共享

・工作和日常生活都擺脫不了「一如既往的模式」，也只能想出一如既往的點子，沒有變化性。

　　上述現象經常發生在「地面視角」比較強的人身上。

　　換句話說，這樣的人要克服弱點，用別人容易聽懂的方式說明事情，擺脫先入為主的想法，了解自己的思考盲點，用全新視角看事情，就必須採用模型思考。

　　讓我們以實際行動的層面來思考這件事。在前面提到的「2個視角」下，要列出某種東西的時候（例如下次削減成本的項目、活動企劃案、新進員工該學的東西等等），採用「地面視角」的人只會直接把浮現在腦海的東西條列式地寫出來而已。

　　這種方式對於「一人腦力激盪」或搜尋靈感線索來說還不算壞，但只做到這樣的話，還是會有「視野狹窄又主觀」

這個地面視角的弱點，聆聽者一定反問你「這就是全部了？」、「沒有漏掉其他重要的事項嗎？」、「為什麼會有這一項？」之類的問題。

要彌補這一點，就需要「上空視角」，也就是模型思考。簡單來說，就是利用各式各樣的「模型」來描繪整體的「外框」，並利用邏輯樹或矩陣這類工具來呈現，**保持客觀與邏輯，找到自己的思考習慣或盲點，如此一來就能學會容易與他人共享的表達方式**。

詳細內容就在之後個別解說吧。

「不重不漏」地思考

MECE

▶ 利用MECE，「不重不漏」地思考

第15項說明了「掌握整體」的重要性。要擺脫個人先入為主的想法，就必須弄清楚事情的全貌為何，以及自己應該思考的主題位在整體的什麼位置。

而能夠幫助我們掌握整體，並客觀地將整體與部分連接起來的有效思考方式，就是 **MECE**。MECE的發音為「me-see」，中文是「不重不漏」，為英語Mutually Exclusive and Collectively Exhaustive的縮寫，意思是**「沒有重複，也沒有遺漏」**。

適當的事情全貌對邏輯思考而言不可或缺，而利用MECE來思考，就能站在事情全貌之基礎上，與分解的部分建立關聯。

▶ 有遺漏或重複就不好了

反過來想，要是有遺漏或重複的話，會產生什麼問題呢？

想當然爾，要是事情在某個分類出現重複的狀態下繼續進展，之後反覆出現同樣的話題，不僅會變得難以理解，還會很沒效率。

而如果整體的分解有所遺漏，就會像第15項說過的一

圖表19-1　透過MECE掌握事情全貌

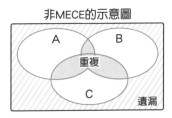

MECE＝幫助我們客觀掌握事情全貌的工具

「不重不漏」
（Mutually Exclusive and Collectively Exhaustive）

樣，變成「（自己有在想，卻沒有在結論中出現）那件事情怎麼樣了？」的狀況，無法與聆聽者共享腦中的畫面，事情可能會變得非常難以理解，或是本來已經得出結論的討論又回到原點。

在有遺漏或重複的狀態下思考，會很難發現「現在沒有的東西」。

此外，在有遺漏或重複的狀態下，也很難妥當判斷一件事情在整體之中的優先順序。即便得到「總之這件事最重要」這種零碎的訊息，也無法為這件事合理化，像是判斷這件事是好還是壞，或者更關鍵的，這件事「為什麼」如此重要，或如此不重要。

因此，要進行邏輯思考，就必須不重不漏地掌握事情全貌，將全貌與部分連接起來。

MECE的狀態，就如同圖表19-1所示。

所謂的不重不漏，就是當我們將整體分解為「Ａ」、「Ｂ」、「Ｃ」3個部分時，這些東西彼此不重複，也沒有遺漏，如同圖表19-1左下方的狀態。

而非MECE的狀態就如同該圖右下方所示。

用文式圖呈現的話，有遺漏的意思就是，存在不屬於Ａ也不屬於Ｂ的「外側」。而重複則是以存在Ａ、Ｂ、Ｃ共通部分的方式呈現。

▶ 將顧客分類

讓我們來試著將家庭餐廳的顧客用MECE進行分類吧。MECE這種分類法，也就是不重不漏的分類法，舉例來說，可以把顧客分成吸菸顧客和不吸菸顧客，或像是超過20歲、不到20歲這樣以年齡區分，另外也可以用停留時間將顧客分成「不到30分鐘」、「超過30分鐘，不到60分鐘」、「超過60分鐘」這3種。以「是否使用Wi-Fi」的方式分類，也是另一個MECE的例子。

在這種分類之下，所有顧客都一定會屬於某一個類別，也不會出現遺漏的顧客，這就是MECE的狀態。

接著，來舉幾個不屬於MECE分類的例子，也就是有重複且有遺漏的分類。就用點飲料的顧客和點食物的顧客來分類，怎麼樣？

想當然爾，會有2種都點的顧客，也會有2種都沒點的顧客（例如小孩子之類的）。也就是說，會有遺漏，也會有重複。

此外，用有家庭或單身來思考的話，有家庭的顧客之

MECE的分類	非MECE的分類
·吸菸／不吸菸 ·超過 20 歲／不到 20 歲 ·停留時間不到 30 分鐘／超過 30 分鐘，不到 60 分鐘／超過 60 分鐘 ·使用 Wi-Fi ／不使用 Wi-Fi	·點飲料／點食物 ·有家庭／單身 ·LINE ／ Facebook ／ X（Twitter）的用戶 ·開車來的顧客／上班族

中，也存在像小孩子這種同時也算單身的顧客，形成重複的狀況。已婚顧客和一個人光顧的顧客的組合也是如此。

那麼，LINE用戶、Facebook用戶、X（Twitter）用戶這種分類又是如何呢？ 這種分類也一樣，會有人同時屬於上述3個類別，也有人3個都沒在用。此外，還存在只使用其中2個的人、只使用其中1種的人等各種顧客類型，簡而言之就是存在重複的狀況。這意味著，就算將這3者的用戶加起來，計算總共有幾個人，也未必會等於全部顧客的人數。

而開車來的顧客和上班族這種分類也是一樣。會有開車來的上班族這種兩邊都符合的顧客，也有沒開車來的家庭主婦，表示既有重複，也有遺漏。

因此在規劃經營策略，要對顧客執行某種策略的時候，要是出現重複或遺漏，就會發生執行策略效率低，或是遺漏有效的策略、遺漏重要目標客群的狀況。而能夠避免這種情況的方法，就是將整體不重不漏分類的MECE。

第4章 METHOD—思考模型與工具

第20項 活用邏輯樹

▶ 什麼是邏輯樹？

有一種工具可以應用第19項介紹的MECE概念，並有效呈現出商業上的課題、策略執行的整體面貌，以及它們彼此間的關係。

那就是本項要介紹的邏輯樹。

在需要分析課題的原因，全面性篩選出針對該原因的因應對策，並排定優先順序的時候，邏輯樹是一個很有效的手法。由於它的應用範圍廣，對分析和提報都很有幫助，可以說是實踐邏輯思考不可或缺的工具。

▶ 全面性篩選

顧名思義，邏輯樹是幫助邏輯思考的工具，它是一種樹枝狀的圖，又稱樹形圖。要縱向呈現或橫向呈現都可以，而這裡以「樹木」往橫向發展的的形式為例。

如圖表20-1所示，將一個整體分解成3個部分，再將它們各分解成3個部分，這就是典型的邏輯樹應用範例。將各層級用MECE的方式進行分解，就可以毫無遺漏和重複地分解整體。如此一來，就能克服個人先入為主以及視野狹窄的問題。

圖表20-1 利用邏輯樹掌握事物的全貌

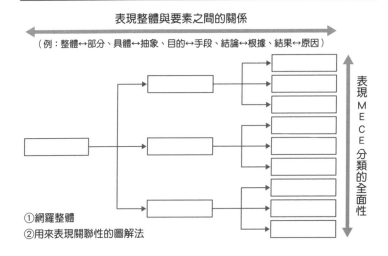

這張圖中的垂直方向表現的是「幅度方向」，保證了MECE的全面性。所謂的全面性，指的是不重不漏地掌握所有事物。

另一方面，橫軸、水平方向表現的則是課題或分析對象的「深度方向」。根據探討的課題，分解方法或深入挖掘的方向都各有不同。

最典型的就是從整體往部分發展的思考方式。例如，一個結論擁有好幾個根據，根據後面又存在好幾個為這些根據佐證的事實，用這種形式發展分類的方法。

從結果追究原因的情況也有許多種發展方式，不過無論是哪一種，都是由邏輯樹將其以MECE的方式分類，並用樹狀結構呈現出來的。

邏輯樹的關鍵在於縱軸和橫軸呈現出來的2個重點，

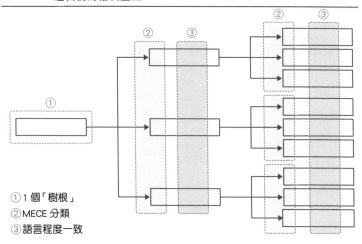

① 1 個「樹根」
② MECE 分類
③ 語言程度一致

MECE（縱向）以及整體與部分要素之間的關係（橫向）。

▶ 繪製邏輯樹的 3 個重點

繪製邏輯樹的重點如圖表20-2所示，在圖中以①②③的形式呈現。

①是**一定要畫出一個「樹根」**。一定要畫出一個中心，這樣才能呈現出整體統合為一的狀態。必須先定義這個邏輯樹是什麼事情的全貌。

接下來的②是，分解出來的每個樹枝都必須是MECE。只要稍微想一下將整體面貌不重不漏呈現出來的邏輯樹之目的，就能明白這麼做的原因。如果樹枝的分解不是MECE，就會變成整棵樹都容許遺漏和重複。

最後的③是，上述這些的「語言程度（細節度或抽象度）」必須要保持一致。語言或概念的階層，必須要分別符合最上面的階層、第2個階層、第3個階層。

　　以上3點就是繪製邏輯樹的注意事項。

第**21**項

活用矩陣

▶ 何謂矩陣圖？

接下來，要介紹以 MECE 為基礎，簡單明瞭呈現事情全貌的第 2 個圖解工具——矩陣。矩陣是用「縱」與「橫」這 2 個軸來統整事物的手法。矩陣與邏輯樹的目的相同，都是要不重不漏、客觀地呈現事情的全貌。

依據此目的，選出 2 個經過適當分析的「軸」，也就是思考角度或切入點來呈現，就能夠有效找到問題的根本原因或解決對策的方向。

讓我們藉由與前面的邏輯樹進行對比，來思考看看矩陣的特徵吧。

第 1 點是，**篩選出視角獨立的 2 個軸**。如果是邏輯樹的話，只要增加了階層，基本上要有多少個軸都沒問題，但是矩陣只能有 2 個軸。

第 2 點是，**2 個軸要是對等的**。邏輯樹是有順序的，首先要有第 1 個階層（分解的切入點），接著才會有第 2 個階層……而在矩陣中，我們選擇的 2 個觀點是並列的，屬於對等關係。垂直方向與水平方向是對等的。

具體的矩陣製作方式，依照軸的呈現方法大致上分為 2 種。第 1 種是橫軸與縱軸屬於對立關係的「對立軸」型，第 2

圖表21-1　用矩陣整合2軸

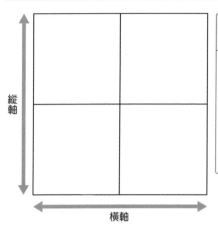

縱軸

橫軸

與邏輯樹的不同之處
・只有互相獨立的 2 軸
・2 軸是對等的
・透過 2 軸的組合找出訊息
・軸分為對立軸和數線

種則是「數線」型。

　　對立軸型的橫軸與縱軸，屬於要選A還是選B的「二擇一」關係。在第16項出現過的邏輯與感情矩陣就是個很好的例子。這個例子裡有2個軸，橫軸是「邏輯上正確／錯誤的情況」，而縱軸是「感情上正確／錯誤的情況」。另一方面，數線型的各軸則是銷售額、成本、市場占比等「能夠用數線呈現」的軸。

　　關於透過2軸組合找出訊息的案例，請參照第16項的「邏輯與感情的矩陣」。

立刻就能用的「思考工具箱」

活用模型

▶ 獲得「分類的工具箱」

到目前為止，首先解說了「不重不漏」呈現整體面貌的 MECE概念，之後又介紹了邏輯樹和矩陣這2種呈現方法。

而接下來的項目要介紹的是，應用上述這些東西的軸的固定表現——「模型」的概念。

模型這個概念，與第19項到第21項談論的MECE概念或邏輯樹、矩陣搭配使用，效果會非常好。學會這幾種模式，就能自然而然地實踐有邏輯的思考與表達方法，因此各位務必要學會。

▶ 模型就是分類的工具箱

一言以蔽之，模型就是可以保證MECE的「分類工具箱」。「工具箱」指的是「概念上的」工具箱。

舉例來說，用於表示製造業或產品品質的是名為「**Q/C/D**」的「3個工具箱」。這提供了展現產品或服務優劣的視角。展現產品或服務性質的3個要素，第1個是Quality（品質），第2個是Cost（成本），而第3個是Delivery（交付）。Delivery可以表現出製造的前置時間（Lead time）或是開發期之類的「速度」。

保證 MECE 的「分類工具箱」

Q　C　D

內部因素　外部因素

S	W
O	T

客觀或慣用的類型

展現某領域的全貌與其 MECE 分類

以上統稱為「QCD」，可以說是在思考產品或服務時，廣泛網羅整體觀點的工具箱。只要看這幾個要素，就能大致掌握與產品相關的各種改良點或開發重點，獲得沒有偏頗的觀點。

接著再用相反的語言組合掌握住觀點，比如「內部因素與外部因素」，這也會是MECE，意即不重不漏的「工具箱」。

另外，用於決定經營策略方向的**「SWOT分析」**也是一種模型。S是 Strength（優勢），W是Weakness（弱點），O是Opportunity（機會），T是Threat（威脅），由2個處於MECE狀態的要素所組成，這在第25項還會詳細解說。

第4章
METHOD──思考模型與工具

這是用來了解一間企業所處的環境，或是掌握該企業所擁有優勢與弱點的全貌，並從中找出必要策略選項的模型。

除此之外，還有根據各種狀況以MECE掌握事情全貌的工具箱，也就是說，還存在許多提供各種視角的模型。運用這些工具，強制性地確認自己的思考，就可以確實掌握事情全貌，了解自己的思考習慣或偏誤，找出盲點。

▶ 客觀模型、慣用模型

模型大致上分為客觀來說一定會是MECE的模型，例如「內部因素／外部因素」這種，以及前面例子提到的QCD或SWOT分析這種慣用模型。

所謂的慣用模型，就是在平時各種場面中使用的「工具箱」。例如要分析產品的時候，只要有QCD視角大致上就沒問題；或者要從公司的優勢、弱點或機會、威脅中找出應採取的行動或可能性，用SWOT最適合。

慣用模型可以呈現出某個領域的普遍整體面貌，比如說QCD可以呈現產品領域的普遍整體面貌。由於是以MECE的形式呈現，因此使用此模型後，就不會只考量到成本的問題，也能夠察覺品質、速度等其他面向。

假設在公司裡，大家列舉出各式各樣的問題，結果全都是針對公司內部的。此時以「內／外」的觀點進行確認，才會察覺也要放眼公司外部，考量與客人相關的事情。

還有，在思考自己公司的未來方向時，往往只會想出從弱點出發的點子，此時重新思考一下公司的優勢，就可以沒有偏頗地掌握全貌。

由此可知，模型是一種幫助我們「發現之前沒發現事物」的有用工具。

▶ 模型必須具備的要素

接著，要來解說模型必須具備的要素。

總共有3個要素。第1個是**「軸」**這個整體的分類方法，也就是模型的名稱。例如前面的例子提到「內部／外部」的軸，或是「QCD」這個工具箱整體的名稱。

下一個是**「組成要素」**。這指的是「內」、「外」或「Q」、「C」、「D」這類「零件」。這些要素一定要處於MECE的不重不漏狀態，且符合語言的「細緻度」，也就是階層，這就是模型組成要素的必要條件。

最後一個是**「對象範圍」**。舉例來說，QCD就是在產品或服務這個範圍內，被一個巨大的外框限制住。所謂「整體」是指什麼事情的整體，是相當重要的一點。而這就是本書所說的對象範圍（圖表22-2）。

圖表22-2　模型必須具備的「軸」、「組成要素」和「範圍」

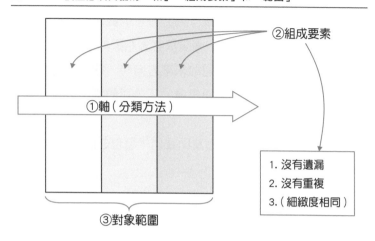

具備上述要素的各種模型，究竟有哪些運用方法呢？

比如說，前面提過的矩陣圖法（圖表22-3）。假設把其中一個軸定為QCD，另一個軸定為內外，就完成了一種地圖。就像地圖上有「東西」、「南北」的方位一樣，是個具有客觀座標軸的大地圖。如此一來，就能得知自己的思考偏向哪一邊等等。像這樣察覺自己的「思考偏誤」，就是在活用模型。

MECE 的分類

	階段 1	階段 2	階段 3
A			
B			
C			
D			

MECE 的分類

・可以找出思考的習慣
・可以和許多人共享事情全貌
・可以排定優先順序

第4章

METHOD──思考模型與工具

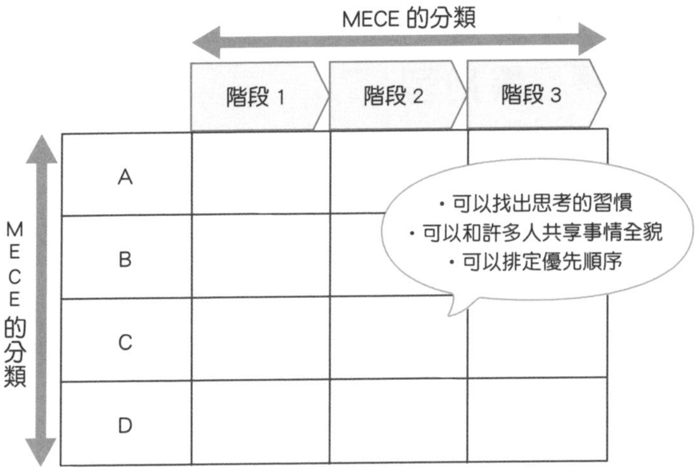

第23項

模型有3種

數線型、對立軸型、慣用型

3種類型的模型是什麼？

模型可以大致分為3個種類。接下來會搭配幾個例子，正式介紹這3種類型的模型。

模型大致分成**完全MECE的2個類型，以及接近MECE或經驗上屬於MECE的1個類型。**

完全MECE的第1個模式，是量化的**「數線型」**。可以用數字的座標軸來呈現，例如以年齡區分、以公司營業額高低區分、以產品尺寸區分這種分類方式，就屬於一定會被歸類進某個類別、不重不漏的MECE分類。舉個例子來說，用年齡來區分家庭餐廳的客人，每個人一定都會被歸類於某個類別。

完全MECE的第2個模式是質化的**「對立軸型」**，它可以為我們帶來「是A？不是A？」這種相反的2個概念。「內部與外部」、「贊成與反對」都屬此類。要將多樣化的人們進行分類時，只要拿來「彼此對立的2個箱子」，每個人一定都會歸類於某一邊，因此這也是不重不漏的分類。

「接近MECE」的慣用型

第3個模式是**「接近MECE」**的分類。這是大家慣用的模型，有時候說到狹義的模型時，是單指這個模式的模型。

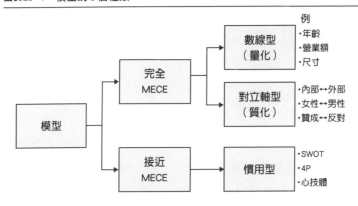

大家慣用的模型，包括前面稱為「工具箱」、在全世界被廣泛運用的「SWOT分析」、「行銷4P」等等，而更貼近日常生活的例子，還有「心技體」。

舉例來說，在第1項也提過，當運動選手表現亮眼的時候，問他們充實了什麼部分，答案通常都會是「心」、「技」、「體」其中之一。反之，在狀態不好的時候思考「為什麼會狀態不好」，他們也不會只強調「技」的部分，有時候會思考原因會不會在於「心」。

就像這樣，運用接近MECE的模型，可以從各式各樣的觀點觀察人類的狀態。

慣用模型究竟適不適用，會因使用領域而異，因此要先考慮前面說的3要素中的「對象範圍」之後，再妥善地依據場合使用，這一點相當重要。

呈現出兩極，找出思考的軸心

第**24**項 二元對立的思考方式

▶ 何謂「二元對立」？

第23項談論的模型之中，第2個介紹的是「對立軸型」。用對立軸來思考，由於用「是A不是A」或「A」與「A的反義詞」來看待世間萬物的話，所有事物都一定會歸屬於某一邊，這意味著我們是帶著某個「觀點」在看待事物。

以我們平常的思考習慣來說，我們容易只從一個觀點來看待事物，如果出現相反的觀點，我們就有可能會注意到自己原本沒想到的觀點或思考偏誤。

舉個例子，「男性與女性」的情況也一樣，有許多人指出，女性觀點在男性主導的社會裡經常被忽略。除此之外，從「內與外」的觀點來看，也有人提出意見，說公司裡大家討論的話題好像都只針對內部，雖然有許多人提出自己想到的問題，但經過觀察，發現其中竟然有80％都是針對內部的課題。

關於自己只注意到片面的事情這一點，利用「二元對立」的觀點來思考相反的狀況，能有效幫助我們看清事情的全貌。

重點在於，利用前面提到的「內部vs.外部」、「有形vs.無形」、「同業vs.異業」、「質vs.量」之類的形式，觀察對立的兩者，藉此拓展思考的模型，清楚掌握事情全貌。

思考「相反的概念」，藉此拓展思考幅度

二元對立的例子

內部↔外部
有形↔無形
同業↔異業
質↔量

「二元對立」和「二擇一」看起來類似，實則不同

▶「二元對立」和「二擇一」看起來類似，實則不同

「二元對立」和「二擇一」看起來類似，實則不同，這一點經常被人誤解。舉例來說，如果用「內部與外部」來分類，一定會有人說「這個世界哪有這麼單純，根本不可能這麼簡單地分成2種」。

不過，這只是要區分內部與外部，引出「內部觀點還是外部觀點」而已，並不是一定要像數位世界的0或1那樣分得清清楚楚，**不是非黑即白，即使有灰色地帶也不成問題**。

用地圖的概念想想看，就會發現地圖雖然是以「東南西北」為座標，但也沒有把東和西徹底分開，並不是從某處開始東突然就變成西，只是在表示「東西方向」而已。

同樣地，藉由呈現兩極來表示方向或展現看待事情的方法，也是一大重點。

SWOT分析、3C分析、PE（E）ST分析等

▶ 用來進行經營分析或制定策略的模型

接下來的3個項目，要解說的是第3種類型的模型，根據用途分別運用、「接近MECE」的慣用型。

到目前為止，我們談過了幫助我們有邏輯且不重不漏思考的工具MECE，以及用來實踐MECE的模型。接下來會介紹具體的例子，說明它們運用在什麼情境才會有效。

▶ 運用適合該情境的模型

只要腦中儲備幾個基本的模型，在平常的實務中遇到適用情境時，就可以馬上運用。不只是單純把點子羅列出來，而是將其排列在自己擁有的「空白思考地圖」上，這樣就能夠察覺自己的思考習慣，或點子是否有所遺漏。

接著就來介紹在不同情境下會用到的模型實際案例。

首先是第1個模型案例。這裡特別挑選了能在商業上發揮效用的案例來介紹。例如，在進行經營分析或制定策略的時候，幫助我們用客觀的觀點，觀察廣大公司整體，判斷應該往哪個方向發展、現在發生了什麼狀況的工具。

● 利用SWOT分析整理策略選項

首先是「**SWOT分析**」。在第22項也稍微提過，SWOT是藉由客觀整體策略選項，也就是自己公司的優勢、弱點、機會、威脅，來思考公司該做什麼、該怎麼發揮強項、該怎麼彌補弱點，以及如何藉此抓住機會、如何消除威脅等等的一種工具。

經營公司的時候，如果只靠心血來潮決定「想做那個」、「也想做這個」或「我們公司不擅長做這個」，並如同打地鼠般一件一件處理的話，是不會順利的。為了決定要做什麼，我們要運用這個模型，以客觀的觀點重新審視自身優勢、弱點以及機會、威脅，在此基礎上冷靜地判斷下一步行動。

● 利用3C分析整理並分析競爭環境

接下來是「**3C分析**」。這是一種用來整理、分析競爭環境的模型。市場和業界裡的主要角色有Customer（顧客）、Company（公司）、Competor（競爭者），而這個模型可以幫助我們了解以上3者的觀點。

舉例來說，如果向平常都在跑客戶的業務主管詢問有沒有什麼業務方面的問題，可能會出現各式各樣的偏誤。

雖然對方有在跑客戶，但有可能會說出「競爭者A公司推出了這樣的產品」這類和顧客沒有直接關係的事情。此外，對方給出的回答也有可能不是從顧客的觀點出發，而是一直談論從顧客口中聽到「有這種產品推出了喔」這些關於競爭者的事情，或者回答「是我們公司的產品不好」這些對

於自己公司的不滿。也可能會有人說「對顧客來說這個是必要的」。

回答雖然各有不同，但各自都對應到Customer（顧客）、Company（公司）、Competor（競爭者）。

透過這種方式，以3種觀點看待事情，就能明確認知到各種思考偏誤，客觀面對廣泛的問題點。

▶ PE（E）ST分析

要進行宏觀視野的市場和整體社會的環境分析時，也可以使用**「PEST分析」**，或是加入E的**「PEEST分析」**這種模型。PEEST是政治（Political）、經濟（Economic）、環境（Environment）、社會（Social）與科技（Technological）的縮寫。只要大致上掌握這幾大要素，就可以客觀、概略性的掌握社會上的趨勢。

在觀察主要趨勢的時候，有些人只會被技術性的趨勢吸引，有些人則會思考這有什麼社會性意義，或政治、經濟領域會如何演變，因此要廣泛掌握趨勢的話，用PE（E）ST分析去觀察，就可以排除偏誤。

藉由PE（E）ST分析，可以得知自己擅長和不擅長的領域，或較關心與較不關心的領域，如此一來，應該就能夠均衡地掌握事情的全貌。

▶ 行銷4P

接下來要介紹的是，用來篩選出特定領域或特定工作的課題或策略模型。最具代表性的就是**「行銷4P」**。4P分別是

Product（產品）、Price（價格）、Place（這裡是指通路）以及Promotion（促銷）。

從這4P的觀點來思考，基本上就可以網羅大部分的行銷策略。

舉例來說，要是顧客平時只會一直講價格的事，被問到要進行什麼行銷策略時，有些人可能只會想到降價。

這時候，如果重新用行銷4P的模型來思考看看，應該就會獲得考量產品改良、促銷策略等其他的觀點。

▶ 4M

在工廠經常運用的模型是，要改善工廠生產現場時的觀點「4M」，這4個M分別是Man、Machine、Material、Method，人員方面、材料等物品部分、機械，最後則是方法或流程。4M的模型可以讓我們獲得改善生產現場的觀點。

許多領域的教科書或經營管理書都會介紹模型，只要運用對特定領域有效的模型，即便面對自己不熟悉、不太理解的領域，也可以在短時間內掌握一定程度的狀況，這也是模型的優勢之一。此外，利用模型的觀點，還能有效掌握事情的全貌，有效率且均衡地推行各種策略。

第**26**項

分解流程

價值鏈

▶ 先分解流程再思考

接下來是第2個模型範例。

第2個是**將流程分解**。以模型的類型而言，這屬於按照時間軸順序排列的模型之一，是一種將工作步驟根據階段進行分解的手法。

若以公司整體來說，會使用**價值鏈**一詞。價值鏈指的是分解公司整體的流程，流程就像是企劃→設計→進貨→生產→物流→銷售→服務這樣，是為一連串的產品與服務增加附加價值，並送到顧客手中的步驟。

當然，流程會因為公司或服務的不同而變化，但一般來說，展示出增加公司附加價值並送到顧客手中的流程，我們就能夠看見整體，而不會只看見自己負責的領域。

▶ 在公司規模擴大時最有效果

隨著公司的成長，組織會擴大化、專業化，造成大家只看得見自己負責的領域，這種「部分最佳化」的情況持續發展。

在這種情況下重新審視整體的時候，必須要思考整體的瓶頸在哪裡、問題最大的地方在哪裡。而價值鏈的概念，就是在此時描繪出作為一大張「空白思考地圖」的事情全貌，

分解流程

價值鏈

| 企劃 | 設計 | 進貨 | 生產 | 物流 | 銷售 | 服務 |

- 客觀審視整體流程
- 毫無遺漏地挑選出課題或策略
- 排定優先順序

其他各種流程

各領域的工作流程

用戶使用流程

購買流程

第 4 章　METHOD —— 思考模型與工具

藉此去除偏頗的觀點，重新審視整體。

換言之，就是分解商業流程。我們可以藉此毫無遺漏地篩選出公司整體的課題和策略，或是重新審視整體狀況。

▶ 可以排定優先順序

另外一個重點是可以排定優先順序。隨著公司規模擴大，劃分部門，公司往往會把時間和金錢投注在重要度較低的流程上，而非最重要且最需要改善的流程。遇到這種情況，我們必須在綜觀大局的基礎上，思考哪個部分才是最重要的。

可以將設計或業務等工作各自的流程，全部都再往下分解一個階段。或是將在職場上製作提案書或說明書的工作一個一個分解，這樣也可以針對其中問題在哪裡、在哪裡耗費了時間、哪個部分可以透過IT提升效率等議題進行討論。

像這樣深入各領域的流程進行分析，就可以從整體最佳化的觀點看見各式各樣的偏差。

分解流程

在公司規模擴大時最有效果

可以篩選出公司整體的課題和策略

以整體最佳化的觀點排定優先順序

5W1H、「人、物、錢」

▶ 還有其他萬用的模型嗎？

到目前為止的項目中，介紹了邏輯樹、矩陣等各式各樣的模型。除了這些以外，還有很多其他的模型。最後要介紹的是非常萬用的慣用模型。

「萬用」模型的意義，就是不僅能應用於工作，也能應用於私生活，或者是說，可以用於各種業界的工作，不僅限於特定業界，而且企劃、生產、銷售等各式各樣的部門都能運用，無論情境怎麼變化，都能發揮作用。

▶ 最具代表性的5W1H

由疑問詞組合而成的5W1H或2H，就是萬用模型的代表例子。上述模型由「為什麼」、「何處」、「何人」、「何時」等詞語構成。舉例來說，要寄送一封會議通知信件時，5W1H就是個有效的確認方式。可以藉此確認有沒有漏寫地點（Where）、有沒有漏寫開始時間（When）等事項。這個模型不只能用於企劃書，用在其他地方也行，比如某件事情的計畫等等，處理任何事情時都可以使用。

除了前面提過的「心技體」以外，也可以使用「起承轉合」。它雖然只是一種過程，但也是一個在整理流程時很好用的慣用思考模型。

除此之外，在公司裡大家常說的**「人、物、錢」**或**「五感」**也都可以算是模型的一種。比如說，可以應用在打算製作訴諸五感的產品的時候，把至今為止只有味覺的產品，加入香味（＝嗅覺）或口感（＝觸覺）之類的。

　到目前為止介紹的，都是藉由運用模型拓展視野，排定優先順序的思考方式。

　讓我們來建立一個習慣吧，當你發現在各種領域教科書裡出現的模型，或運用於日常生活中的模型時，就把它拿來用。持續使用下去是最重要的。

第28項

模型的優點與缺點

▶ 模型的優點與缺點是什麼？

目前為止解說了何謂模型，並介紹了運用各類型模型提升思考力的手法。

而最後要告訴各位的是模型的缺點。

模型並不是萬能的。要在充分理解其優點與缺點之後再使用，這一點很重要。

先來整理一下目前為止提過的優點。第一點是可以簡單地確保MECE。只要拿來模型這個「工具箱」，就可以藉此確認自己的思考偏誤，雖然可能有些時候是100%，有些時候是80%左右。

另外，如果是初學者使用的話，可以在短時間內拿出還不錯的成果。即便是對該領域完全不了解的外行人，只要使用適合該領域的模型，就可以在短時間內達到最低及格水平。這就是模型最具代表性的優點。

除此之外，由於模型很容易整理觀點，也很容易讓聆聽者理解，所以用在提報上也能感受到其優點。這不是單是條列式地把事項一條一條列出來，**而是藉由將內容呈現在某個模型中，讓聆聽者理解說話者的觀點，因此很容易聽懂，也很容易理解**。要一邊在好幾個人之間做比較一邊聽的時候，運用模型表示就會變得非常容易懂。

模型不是萬能的

優點	缺點
· 可以簡單地確保 MECE · 可以在短時間內拿出「80 分」的成果 · 容易整理觀點，聆聽者也容易理解 · 可以打造「共通舞台」	· 觀點固化 · 難以想出「超出框架」的嶄新構想 · 千篇一律、無趣

　　還有，也不能忘記模型可以打造共通舞台這個優點。因為是在同一個舞台或空白地圖上對話，所以討論的時候會很容易理解其中差異。由於在同一個舞台上討論，這個部門的人在觀察這個部分的動靜，而那個部門的人卻在觀察別的動靜，這其中的差異會變得很明確。共通舞台帶來的優點，就是可以讓我們察覺到，單純以條列事項為基礎進行溝通時沒有發現的事情。

　　另外，還有更容易找到「現在沒有的東西」這個優點。假設我們正在透過腦力激盪不斷提出改善職場的點子，要將大家提出的點子一個一個統整起來，進行分類。

　　乍看之下，似乎不用模型也可以做到，但若是不使用模型，就算順利統整好點子，**也非常難注意到「有沒有出現什麼結果」**。

舉例來說，將改善職場的點子和工作流程或時間軸排在一起看，就會知道哪裡有所不足。比如提出了很多下午的點子，卻沒有提出晚上的點子，更進一步地說，就連沒有早上的點子這件事，都是在按照時間順序排列時才察覺的。

▶ 若是無法擺脫框架，就很難想出點子

　　另一方面，來說說幾個模型的缺點吧。

　　無論是好是壞，模型就意味著「框架」。因此，當自己的思考世界小於那個框架時，就會馬上發現框架比自己所想的事物還要大，得知自己的不足之處。然而，姑且不論好壞，「有框架」就會有一個缺點，那就是很難想出跳脫框架的嶄新點子、**很難想出超出框架的嶄新構想**。

　　還有，使用模型通常意味著拿出箱子，並將點子「埋進」裡面，所以做的事情很容易千篇一律。

　　舉例來說，進行小組討論時，即便是由好幾個不同的小組各自處理同一個課題，但大家都使用同樣的模型的話，最後有可能會得出同樣的結果，思路被固化，缺乏趣味。模型的缺點大概就是有造成此情況的風險。

總結來說，模型對於比較初學或思考具有強烈偏誤的人而言，派上用場的機會非常多；但若想要激盪出極為新穎的點子，模型反而可能變成一種限制。重要的是，要去了解模型的優缺點，分場合運用。

假說思考

▶ 假說思考是從結論開始回推

目前為止除了模型思考之外，還介紹了許多與商業相關的思考法。

而這裡第一次要來談談**假說思考**。簡而言之，假說思考就是**「從結論開始回推」**的概念。

事先設想某種程度的結論，再去想「為此我們需要這類資訊」或「需要這種邏輯」，換句話說，就是「回推」的思考方式。回推的概念，就是先把預設的結論放在一邊，思考為了達成此結果需要做些什麼。

不要把它想成邏輯，想成「做出結論」或許比較好。在某種意義上就是如此，不過這裡最重要的是，前面講的「結論」只不過是**「暫時的結論（這就是假說）」**，並不是做出了最終結論。因此，在進行過程中必須要有彈性地變更「暫時的結論」，也就是假說。

邏輯思考的流程是，必須先有前提，再進行推論，最後才得出結論。那為什麼這裡要介紹在某種意義上流程與邏輯思考相反的假說思考呢？因為在商業的世界裡，大家雖然也將邏輯視為理所當然的基礎，但比起花很多時間得出沒有缺陷、有邏輯性的滿分結論，**更加重視「速度」和「效率」**。

「從結論開始」思考

假說

現在

假說就是「暫時的結論」

重視速度的「65 分」主義

　　假說思考的概念如圖表29-1所示。假設自己現在想得到某種結論。此時先設想一個暫時的結論（＝假說），再進行反推。暫時的結論就像是「應該進軍○○市場」、「銷售減少的根本原因在於○○」之類的。

　　為了將這個假說作為結論導出，要一點一點提升精確度，思考我們需要什麼資訊或事實，這就是假說思考的流程。

　　就某種意義上來說，假說思考是從一開始就決定好結論，並往該結論的方向前進。相對地，也不能從頭到尾只用這個決定好的結論。**如果收集資料後，發現無法有邏輯地推導出結論，就要保持彈性，不斷重新評估假說，再建立下一個假說。**

第

4

章

M
E
T
H
O
D
│
思
考
模
型
與
工
具

圖表29-2　假說思考 vs. 非假說思考

假說思考是重視速度的「65分」主義

假說思考	非假說思考
·「從結論開始」思考	·最後才得出結論
·「65分」主義	·完美主義
·重視速度	·重視正確性
·在有限的時間與資訊中給出當下最好的答案	·收集所有的資訊，花費大量時間

　　另一方面，如果能夠根據決定好的結論順利收集到必要的資訊，就不用收集沒用的資訊了，這就是假說思考的好處。換句話說，就是重視速度，總之先給出65分左右的答案，再進行下一步的概念。

▶ **非假說思考**

　　接下來，在了解何謂假說思考的基礎上，讓我們來比較一下假說思考與非假說思考吧（圖表29-2）。相對於從結論開始回推的假說思考，這裡將非假說思考定義為累積事實與資訊，最後才得出結論的思考方式。

　　比起「有個65分」就好的假說思考，非假說思考是**從頭到尾都要完美完成**，一個重視速度，另一個重視正確性。其中的差別就是要在有限的時間與資訊中給出當下最好的答案，還是**要完美收集所有的資訊，花費大量的時間，給出**

（接近）100％有把握的答案。

▶ 依據狀況使用假說思考與非假說思考

這2種思考方式沒有優劣之分。當思考對象非常有彈性，也就是不確定性較高、難以收集資訊，或資訊量太大，不知道該從哪裡著手的時候，又或是難以找出結論的時候，建議**先從假說思考開始著手，等到逐漸接近最終答案時，換言之就是達到80分或90分的時候，再轉換成非假說思考。**

一般來說，大多數的商務人士從事的都是在某種程度上已定型、確定性高的工作，不允許失敗的狀況應該是比較多的。這種時候，應該會採用非假說思考型的思維模式，但身處必須迅速地從大量資訊中找出一定程度方向性的局面，這種思維模式反而會造成阻礙。

在實務方面，不僅有可能取得良莠不齊的大量資訊，而且現在的商業環境對時間的要求通常都很嚴苛，因此這裡說的假說思考概念，就顯得相當重要了。

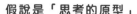

假說是「思考的原型」

第30項 費米推論

▶ 利用費米推論訓練假說思考

本項要介紹的是，可以訓練第29項所提到假說思考的工具——**「費米推論」**。百聞不如一見，請各位先來想想看下面的問題。

「從新冠疫情爆發前，到新冠疫情高峰期，日本的家庭用口罩年度市場成長了幾倍（金額）？」

請各位不要上網搜尋，先用自己所知的資訊，花3分鐘思考，得出自己的答案。

這個問題是假說思考訓練的**「思考原型設計（試作品）」**，解答範例會放在最後，而現在要先說明介紹這個問題的理由。

瞬息萬變、無法預測未來的VUCA時代，和變化性低、穩定的時代或狀況所需的思維模式是完全不同的。其象徵就是這個原型，或稱原型設計的概念。最近很多人在討論的**「設計思考」**其中一個基本概念，就是原型。

簡而言之，**原型設計就是「先省略繁雜的工序，做出一個試作品，再一邊測試一邊去完善它」**的方法。與此相反的想法則是「準備萬全後再開始製作」，也就是「成品型」的概念。這裡將兩者的差異做成比較表呈現。

圖表30-1　成品與原型的差異

成品		原型
・重視「完成度」		・找出下一次要改進的課題
・做之前比較重要		・做了之後比較重要
・細緻地一步一步做好	◀▶	・「概略性的整體面貌」
・一次完成		・重來很多次
・「我是製作者，你是使用者」		・一起製作
・評論者會尋找缺點		・評論者會尋找改善點

先請大家用硬體類的產品來想像。這裡所說的試作品，是新概念包包的試作品，或是前所未見的智慧型手機（比如說圓形手機）試作品這類產品。反之，成品則是將已有一定成熟度的產品改良得更完善後，進行販售的產品。

製作這2種東西的心態是完全不一樣的，如圖表30-1所示。

首先，不用說大家也知道，成品重視的部分就是完成度高，要做到讓客人直接買回去用也不會有任何問題的程度（也就是「100分」的狀態）。相對於此，連能不能做出來都不知道「總之先做出來的試作品」，大家當然不會對完成度抱有多高的期待。那試作品重視的是什麼呢？是「讓大家看了之後提出各種意見，把改善的要點明確化」。

因此，成品必須要各方面都做得很精緻，而試作品則有「即便完成度不佳，也要做出整體樣貌」（只完美地做出能提升完成度的部分，是沒有意義的）的必要。原因在於，成品是「一次就結束」，而試作品原本就是以「重來很多次」（根

據情況逐步提升完成度）為前提製作的。

採取這種「重來很多次」的做法時，與相關人士合作的方式，以及評論者的態度也會改變。

成品型是由製作者把東西完美地把東西做好，再交棒給使用者的「順序型」流程；而原型是在完成度還很低的時候，就與使用者進行某種程度上的合作，形成 **「一邊使用一邊使之進化」** 的狀態。因此，面對成品時，處於評論者立場的人會藉由「挑毛病」來提高完成度，而面對（本來完成度就很低，透過反覆試作來逐步提高完成度的）原型時，評論者（或者該說是共同製作者）會以「這麼做下次就會更好」的觀點參與開發。

前面要各位想像硬體的成品和試作品，但其實軟體，比如應用程式開發之類的，也和硬體的情況完全一樣。舉例來說，金融機構的基礎系統開發和個人生活用的手機應用程式開發，兩者想法是不一樣的。「只要有一個失敗就會造成致命性的影響，而且擁有從過去到現在的累積，功能相當穩定」的基礎系統適合成品型開發（也稱為瀑布式開發）；另一方面，難以掌握用戶需求、瞬息萬變的手機應用程式則適合原型型開發（也稱為敏捷式開發）。

利用現有的時間和資訊試著建立假說的態度很重要

估算出「概略性的整體面貌」

可以用來訓練「思考原型」

套用在企畫書、提案書、提報等「知識輸出」上也是一樣。在有某種程度的實績或過去資訊累積的領域，適合成品型、重視知識力的做法，然而**當知識輸出是要用來執行缺少實績或資訊的「新事物」時，則適合原型型、重視思考力的做法**。

▶ 用有限的資訊和時間推論出龐大的數量

終於要回到一開始的問題了。

像這個問題一樣，**用有限的資訊和時間推論出龐大的數量**就稱作**「費米推論」**。這正是最適合用來訓練前面一直在說的「思考原型」工具。在開始一項新事業時，思考「這樣一年究竟會有多少收益」，或是預測受災程度時，思考「萬一發生這種事，會造成什麼程度的損害」，這些都是推算在VUCA狀況下「概略性整體面貌」的例子。

透過費米推論，可以掌握思考原型設計時的重點。比如說，在處理一開始的問題時，大家有沒有採取下列態度呢？

· 大家是否覺得「時間不夠」、「資訊不足」呢？（→用現有的時間和資訊試著做出最好的原型，這樣的態度很重要）
· 有沒有因為上述原因，而用「概略性整體面貌」的方式進行思考呢？（→就算只是位數也好，有沒有先得出某個結論呢？有沒有在細節上過於執著，浪費時間呢？……舉例來說，因為是年度，所以用了365這個數字，讓計算變得壓倒性地複雜。這時候用400這個數字，是不是就能一口氣縮短時間呢？）

計算範例如圖所示。

比起數值的正確性或「是否符合實際的資料」，「是否有概略性地掌握整體」才是重點。

圖表30-3　國內口罩市場的費米推論範例

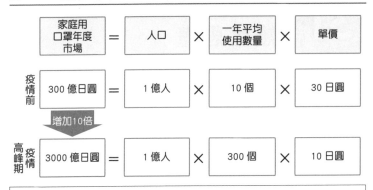

※前提條件
・人口的部分，是排除掉總是不戴口罩的人，概略性假設為 1 億人。
・使用數量的部分，疫情前是設想感冒、花粉症平均一年的需求，疫情後是以外出時幾乎 1 天
　1 個為標準進行假設。
・預設疫情後大量購買者（整箱購買者）增加，所以降低單價。

透過類推想出新的點子

類比思考

▶ 何謂類比思考？

與第10項談過的「具體與抽象間的往返」有關，以抽象這個上位概念連結具體這個下位概念的個別事件之行動，也可以運用在構思具有創造性新點子的場面。

「具體與抽象間的往返」應用範例就是**「類比」**。

類比是一種構思法，透過抽象層級的共通點，將乍看之下毫無關係、不同領域的東西連接起來，藉由**「從遠處借東西過來」**，轉化出新點子。

類比也可以說成類推。根據類似的東西進行推想，藉此從相似的其他領域找來點子，形成創新的構想。

類比雖然是推論的一種，但以類比和邏輯思考的關聯來看，它未必能導出有邏輯的結論，當我們提出一個用來導出結論假說的點子時，那個點子的原料是透過類比產生的，各位可以這麼想。

一言以蔽之，就是從遠處，也就是與自己（的工作）似乎沒有直接關係的領域帶點子來。舉個例子，據說迴轉壽司這個點子，就是從啤酒工廠的輸送帶獲得靈感的。另外，魔鬼氈這個點子，則據說是從一種名叫蒼耳的植物的果實（若是踏進草叢，它就會黏在毛衣上）獲得啟發的。

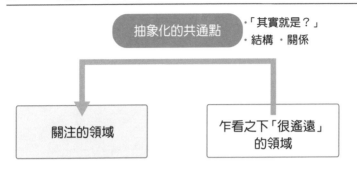

這種從八竿子打不著、與商業無關的生物領域或完全不同的業界借用點子，就是類比的概念。

舉例來說，科學領域在進行推論的時候，也經常用**「因為其他領域是這樣，那麼在這個領域是不是也會得到同樣結果呢」**的想法來思考結論。

類比思考就是像這樣，在提出新結論的時候「從遠處借來」可以形成假說的材料。

那麼，我們該從哪個領域借材料呢？ 其中一種常見的模式就是，將現實世界的事物帶到網路世界。

例如，將待在飯店櫃台、負責各種雜事的「接待員」概念帶到網路世界，變成一種「回答各種問題」的服務；那麼把「市場」的概念帶到網路的話會怎麼樣呢？ 由此發想而產生的服務，實際上也已經存在了。

圖表31-2　從哪裡借概念？

現　實	⟷	虛擬（網際網路）
國　內	⟷	國　外
現在（未來）	⟷	過　去
工　作	⟷	玩　樂
女　性	⟷	男　性
大　人	⟷	小　孩
人　類	⟷	動物（機械）
個　人	⟷	組　織
家庭用	⟷	業務用
同業界	⟷	其他業界
商　業	⟷	商業以外（傳統藝能、運動、戀愛）

　　改變地點或時間軸也是類比的手法。比如說從國外帶回類似的概念，或是從過去的歷史事件中，尋找有沒有值得現代人學習的事物之觀點。

　　此外，也有將玩樂領域的經驗或點子帶到工作上，或是反過來，將工作上的點子帶到玩樂領域的模式。

　　小孩子和大人之間的關係亦是如此，可以將小孩子在玩的遊戲運用在工作上；生物領域也有前面提過蒼耳的例子。從傳統藝能或運動領域取經，轉換成商業領域的點子，也是類比思考的一種。

　　進行類比思考時必須具備的想法，就是把前面說的**具體層級先提升到抽象層級，然後再帶到具體層級。**

在普遍的層級，找出乍看之下完全不同2個東西的共通點。換言之，就是找出「這2個東西其實不就是這樣嗎？」的共通點。如此一來，就可以運用其他領域的概念了。這種做法和「普遍化之後找出共通的模式，藉此與其他東西做連結，先提升層次再降低層次」是一樣的。這應該可以算是實際執行「思考」基本模式的典型案例。

第 **4** 章

☑️ 確 認 事 項

CHECK POINT

□ 模型思考就是「客觀地觀察整體」。

□ 利用 MECE「不重不漏」地思考。

□ 利用邏輯樹掌握事情全貌。

□ 利用矩陣掌握定位。

□ 模型是「思考的空白地圖」。

□ 模型分為完全 MECE 的類型和慣用的「接近 MECE」
　類型。

□ 利用「二元對立」建立思考的軸。

□ 根據情境使用適合的模型。

□ 模型不是萬能的。

□ 利用「65分主義」的假說思考提升思考效率。

□ 利用費米推論確認並鍛鍊思考力。

□ 利用類比思考從遠處借概念。

MEMO

第 5 章

PRACTICE

思考力的實踐

發散思考與收斂思考

▶ 發散思考與收斂思考

在第5章，想和各位談談思考力的「實踐」。

首先要來談的，是一種稱為「思考模式」的概念。模式指的是解決問題的流程，或是依循工作流程的思考模板。

第17項解說過「解決問題流程」的循環中，構成本書所說之思考力的各式思考法派上了用場。

讓我們用**「發散與收斂」**的觀點來看看以「得出有效結論」為目的的解決問題流程吧。「發散與收斂」的概念如圖表32-1所示，發散＝擴展，收斂＝把擴展後的東西收斂起來＝縮小。

大多數的工作，都是採取先以「數量取勝」的方式提出點子，從中決定要選擇哪些，進行收斂，最後決定出一個選項的流程。

舉例來說，在私生活中挑選家電的時候、選購新手機的時候，也會發生類似的情況。一開始先擴展點子，接著再進行篩選並決定，這個流程是一樣的。

一下子就決定結論，或是完全不繞道，一開始就筆直地往一個結論走去，都不是很好的做法。有必要在盡量提出更多候選結論的基礎上，「觀察整體，仔細排定優先順序」。

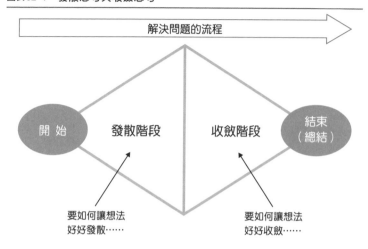

圖表32-1　發散思考與收斂思考

解決問題的流程

開始　　發散階段　　收斂階段　　結束（總結）

要如何讓想法
好好發散……

要如何讓想法
好好收斂……

　　因此在前半部的階段，必須要盡可能「毫無遺漏」地擴展選項才行。此時我們就需要模型的思維。把模型當作統整擴散點子的工具，先進行整理並仔細排定優先順序，再構思下一步計畫，這一點相當重要。

　　而後半部的收斂階段，則需要藉由假說思考找出共識，一口氣導出結論的流程。邏輯思考派上用場的主要時機，也是在後半部的收斂過程。

　　希望各位讀者能夠理解，本書所介紹的各式思考法，都可以在商業上解決問題、導出結論的過程派上用場。

第33項 訊息的重要性

▶ **即便掌握了一項事實，
訊息也會因狀況或對象而改變**

這裡想告訴各位，運用構成思考力的重要要素——邏輯思考時的注意事項，那就是**不可缺少「所以到底是怎麼樣？」的訊息**。

具體而言，請各位思考一下作為邏輯要素的「結論」。商業上的「結論」，必須能發揮某種作用，或是能連結到某種行動。

圖表33-1　訊息就是「所以到底是怎麼樣？」

	所以到底是怎麼樣？
說話者 →訊息→ 接收者	有什麼影響嗎？
	必須採取什麼行動嗎？

於是，「訊息」在商業領域就顯得非常重要了。換言之，我們必須把結論整理成由**「所以到底是怎麼樣？」**或**「對接收者而言會有什麼影響嗎？」**、**「必須採取什麼行動嗎？」**組

成的訊息。

讓我們來看看圖表33-2。下圖以時間軸表示某項商品5年來的銷售額推移。我們可以從銷售額的變化中解讀出什麼呢？

這就是作為「事實」的資料。其實可以從中解讀出很多種訊息。比如說，觀察圖表的整體傾向，會得到銷售額大致上都在順利成長這個訊息（圖表33-2的N-1）。

然而，接著從2013年的暴跌和2014的急速攀升，觀察圖表33-2的N-2「V字形」，這次又可以解讀出「雖然2013年暴跌，但2014年又回到原本成長軌道」的訊息。

圖表33-2　傳達的訊息會根據目的而改變

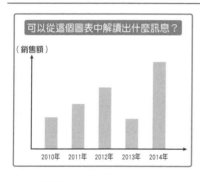

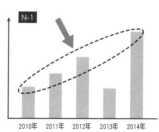

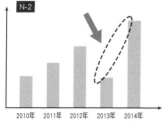

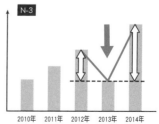

抑或是，雖然根據圖表做出了大致上具有成長傾向的結論，但關注其中的動態，也許會得到這個市場或製品銷售額「變動非常劇烈」的訊息（圖表33-2的N-3）。

這就是**即便掌握了一項事實，傳達的訊息也會根據狀況或對象而改變**的例子。商業上的結論必須連結到與對方有關或具有連貫性的某種行動，因此必須包含「所以到底是怎麼樣？」這種與對方有關的訊息才行。

▶「雖然邏輯沒有多偉大，但也不能小看它」

筆者想告訴各位讀者的邏輯思考概念，就是**「雖然邏輯沒有多偉大，但也不能小看它」**。邏輯思考的有效性和重要性，就和之前說的一樣。邏輯思考是非常基本，且在各種商業場合都必須具備的技能，可以說如果沒有邏輯思考，商業就無法成立。

然而，邏輯思考和其他所有技能或工具一樣，無論用什麼方式，都不可能適用於所有場面。前面也提過，好好運用邏輯、感情、直覺之間關係的重要性。

也有人說，只用邏輯思考是沒有用的。在某種意義上，這是對的。靠邏輯思考和行動這件事並非萬能，只不過是一部分而已。不過，邏輯並不是普通的一部分，而是極為強大的一部分。

那麼，邏輯是怎麼樣的一部分呢？ 它在某種意義上類似於「最大公約數」，是所有人都一定要具備的基礎部分。可以算是僅次於「閱讀、書寫、算數」的必備技能。

　　由於邏輯是基礎部分，有好也有壞，如果基礎沒有打好，就什麼都做不成；然而只有基礎，也什麼都做不成。

　　由此可知，如果沒有學會邏輯思考，根本無法與他人站上同一個水平，因此，最重要的一點應該是，是否能先把作為最低限度基礎知識的邏輯學好，再為其賦予附加價值，尋求個人的差異化。

第34項

如何鍛鍊思考力？

日常訓練

▶ 實踐的提示

該怎麼做才能將思考力實踐於平常的工作中呢？這裡要告訴大家幾個提示。首先要告訴大家的是3個學習邏輯思考力的方法。

第1個是請第三者幫忙檢查，甚至可以找個夥伴互相幫彼此檢查。這是為了彌補實踐邏輯思考時的其中一個問題——**「自己難以察覺自己哪裡沒邏輯」**。獨自一人思考，會很難察覺各種先入為主的想法，因此藉由請他人幫忙檢查，獲得徹底客觀的觀點，是相當重要的一件事。

第2個是，在準備各種資料或提報的時候，重點式地確認每一頁或每一章節、項目之間的「關聯」。具體來說，最近用PowerPoint等投影片軟體製作資料的場面非常多。這種投影片型資料的特徵是比較容易提升每一頁的完成度、畫面好看，另一方面，也有難以看出每一頁之間的關聯性這個缺點。

這就是進行邏輯思考時的「陷阱」。因此，利用連接每張投影片的文字，也就是各種連接詞進行連接的時候，重點在於有沒有比以前更重視整體的連結，處理得「無論誰看」都合理，如同用一條線將整體串起來。

而第3個方法是，在與職場無關的場合也要隨時訓練。舉例來說，解謎就是一個鍛鍊純粹、客觀邏輯的有效方式。解謎這件事，無論在何時何地都可以愉快地進行。

　　接著要來談談「懷疑」，而這裡想特別提出來討論的是「變難搞」這一點。前面也說過，懷疑是一件很重要的事，但是懷疑也等同於變難搞。

　　無論聽到什麼，都滿口稱是、相信對方的人，以及聽到任何事情都要問「真的嗎？」或「為什麼要做？」的人，哪一種人感覺比較好相處呢？

　　全盤相信別人所說的話的人，屬於非常受到大家歡迎、「好相處」的人，但是可能會沒有注意到真正的問題所在、容易被騙，或是不懂得懷疑常識。

　　然而，要是在職場上，對任何事情都抱持過度明顯的懷疑態度，老實說很可能會遭到疏遠。反過來說，刻意讓自己變難搞，或在心裡默默地讓自己變難搞，然後試著懷疑，是非常重要的。

　　在讀過本書之後，也要不斷去嘗試將「邏輯思考力」和「懷疑」以外的想法或態度融入工作或日常生活，如此一來，思考力就會在不知不覺間變得愈來愈強大。

第35項

看得見的世界與
看不見的世界

▶ 向看不見的世界邁出腳步，
就是踏進思考的入口

　　最後，讓我們來想想看，思考力會為各位今後的人生帶
來什麼樣的改變吧。

　　思考就是**懷疑常識、抽象化、拓展視野、把相距遙遠的
事物連接起來**⋯⋯這些前面都說過了。

　　接下來要帶大家了解的是，**我們的人生自由度因為思考
力而提高**這件事。那麼，讓我們來想想看自由度是如何提高
的吧。

　　首先，是自由度從屬於「看得見的世界」的物體空間，
拓展到屬於「看不見的世界」的心理、精神、虛擬空間。具
體世界以眼睛看得見、耳朵聽得見、手摸得到等能用五感感
受到的物理世界為主體，而以思考力為對象的抽象世界，則
是眼睛看不見的世界。

　　舉例來說，語言、數字或金錢等東西，都屬於人類在抽
象世界創造出來的「看不見的世界」之物。人類與其他動物
之間決定性的不同，就是在看不見世界中的拓展範圍壓倒性
地龐大。

　　大家在面對嚴峻的現實情況時，應該都有逃避過現實，
而其中一種逃避現實的方法就是**「幻想不存在的事物」**。與逃

避現實一體兩面的情況，未必都能以正面的敘述來表達，不過從某種意義來說，抽象世界全都是幻想。

我們身處的世界是因為先人的幻想而不斷進步的。科學技術發展所帶來的生活進步，也少不了想像力，而這就是在幻想不存在的事物（正面意義）。

▶ 靠思考提升抽象度，就可以從無數的觀點看事情

如果向看不見的高自由度世界邁出腳步，就是思考入口的話，在這個看不見的世界裡，也存在低自由度與高自由度的世界。

最淺顯易懂的「低自由度」世界，就是「有正確答案的世界」。與思考力相反，它應該算是以知識力為中心的世界。的確，有很多知識屬於眼睛看不見的智慧財產，但以自由度的觀點來看，大部分的知識都屬於「已經確定的過去事物」（某人過去經歷過的事、某人過去彙整成論文或書籍的事），因此只能算是「有正確答案的世界」這種自由度受限的世界。

「有正確答案的世界」究竟多令人喘不過氣，只要看人們在網路或社群平台上的互動就能明白。具有正確答案的世界總是在談論「誰才是對的」，看到與自己不一樣的意見時，不會覺得是「彼此不同」，而是判斷為「錯誤」，一定要分出高下。這個世界裡存在明確的贏家和輸家。

相對地，藉由思考提升抽象度，則是**尋找各式各樣的視野、觀點，從無數的觀點看事情**，所以不會隨意地判斷哪一方正確、哪一方錯誤。那裡有著無限的多樣性和表達方式。

而自由度高就代表輕鬆快樂嗎？ 當然沒有這回事。比較看看有制服的世界和沒有制服的世界應該就能明白。「有制服的世界」（規矩相對嚴格的職場、學校或軍隊等等）雖然乍看之下令人喘不過氣，但就某種意義來說，省下了每天選擇與準備服裝的心力，有些人反倒會覺得比較輕鬆吧。

　這個道理可以套用在人生的一切事物上。相信別人告訴自己的「常識」或「正確答案」活下去也是一種選擇，但是提升自由度的話，就可以自由選擇任何一種（如果在很多件衣服之中擁有一件制服，就可以隨時切換成制服模式，但只擁有制服的人則沒辦法自由選擇）。

　工作方面也是一樣。在某種意義上，「照主管說的做」、「照客人說的做」就是穿著制服的狀態。在自己沒有什麼特別堅持的領域，這樣或許會比較輕鬆，算是好事一樁，但如果是在自己有所講究的領域（衣服也是相同道理），自由度高才能展現自己的特色，應該也會比較輕鬆吧。這就是「沒有正確答案」的思考所打開的世界。

　請各位藉由訓練自己的思考力，踏進高自由度的世界吧。

自由度從屬於「看得見的世界」的物體空間，
拓展到屬於「看不見的世界」的
心理、精神、虛擬空間。

藉由思考提升抽象度，
就是尋找各式各樣的視野、觀點來看事情。

訓練思考力，
就可以在工作和人生中展現自己的特色。

第 **5** 章

☑ 確 認 事 項

CHECK POINT

☐ 分別運用發散思考和收斂思考，是好的解決問題方式。

☐ 想訓練思考力，就要請第三者幫忙檢查，獲得客觀的觀點。

☐ 結論必須具備訊息＝「所以到底是怎麼樣？」。

☐ 向看不見的世界邁出腳步，就是踏進思考的入口。

☐ 藉由思考提升抽象度，就是尋找各式各樣的視野、觀點來看事情。

MEMO

結語

　　如「前言」所述，本書是以2015年出版的《ロジカルシンキングを鍛える，訓練邏輯思考（暫譯）》（KADOKAWA）為基礎，新增內容，改版重新發行的。在新版發行之際，筆者想試著畫出思考力的地圖，於是便將這份地圖作為新內容收錄進來。

　　「紙本地圖」本來就是長期以來與我們的生活密切相關的物品。比起單純資訊來源的定位，也經常被用來作為比喻，是描繪整體構想的東西，也是像「指南針」般展現未來目標樣貌的東西，可說是與書籍和繪畫不一樣的特殊存在。

　　進入「智慧型手機時代」之後，基本上「所有東西」都從傳統的物理性存在，變成了數位、虛擬的存在。不僅是報紙、雜誌、書籍這些本來是紙本的東西，就連CD、DVD等影像和聲音的內容、時鐘，甚至是手電筒、指南針，都成了手機的應用程式，雖然功能上幾乎完全還原，但是安裝和使用方法與過去完全不一樣，這也有可能影響到人類的思維模式。

　　說到地圖，傳統紙本時代的基本找路方法，和數位地圖＆導航程式也有很大的不同。在紙本地圖的時代，研究路線是將折成四折或八折的地圖攤開在大桌子上，確認出

發地點和目的地的行為。而如今，在手機應用程式上甚至可以看見整個地球，但是導航只會顯示到「下一個轉彎處」，即便只能擁有極度短視的觀點，但「之後的路線導航會告訴我」的狀況愈來愈常見了。

前面提到，地圖原本的定位是「客觀看待整體」、「未來樣貌的指南針」，而這種變化卻顯示出，下個世代地圖的定位有可能變得完全不一樣。如果擁有上述功能的「紙本地圖」消失了，人類的思維模式會改變嗎？本書或許會成為在這種變化的過渡期，客觀審視整體思考力，並描繪我們應當學習的思考力面貌的「最後世代」產物。

在本書改版之際，KADOKAWA 的田中陽菜小姐從企畫階段到完成為止，都站在讀者視角提供我許多點子，幫助我完成本書。此外，雖然無法一一列出姓名，但我也非常感謝參與本書製作、校對、販售的各位，以及提供原稿回饋意見的各位。

※本書是將二〇一五年出版的《ロジカルシンキングを鍛える，訓練邏輯思考（暫譯）》（KADOKAWA）大幅新增、改訂內容後，重新排版、編輯而成。